Como Eu Ensino

Paisagem

Como Eu Ensino

Paisagem

Andrea de Castro Panizza

Editora Melhoramentos

Panizza, Andrea de Castro
   Paisagem / Andrea de Castro Panizza. São Paulo: Editora Melhoramentos, 2014. (Como eu ensino)

   ISBN 978-85-06-07771-9

   1. Educação e ensino. 2. Técnicas de ensino – Formação de professores. 3. Geografia – Técnicas de ensino. I. Título. II. Série.

14/107   CDD 370

Índices para catálogo sistemático:
1. Educação e ensino 370
2. Formação de professores – Ensino da educação 370.7
3. Psicologia da educação – Processos de aprendizagem – Professores 370.15
4. Geografia – Técnicas de ensino 371.33

Obra conforme o Acordo Ortográfico da Língua Portuguesa

Organizadores Maria José Nóbrega e Ricardo Prado

Coordenação editorial ESTÚDIO SABIÁ
Edição Silvana Salerno
Revisão Ceci Meira e Valéria Sanalios
Capa, projeto gráfico e diagramação Nobreart Comunicação

© 2014 Andrea de Castro Panizza
Direitos de publicação
© 2014 Editora Melhoramentos Ltda.

1.ª edição, 2.ª impressão, setembro de 2015
ISBN: 978-85-06-07771-9

Atendimento ao consumidor:
Caixa Postal: 11541 – CEP: 05049-970
São Paulo – SP – Brasil
Tel.: (11) 3874-0880
www.editoramelhoramentos.com.br
sac@melhoramentos.com.br

Impresso no Brasil

Apresentação

De que maneira uma pessoa configura sua identidade profissional? Que caminhos singulares e diferenciados, no enfrentamento das tarefas cotidianas, compõem os contornos que caracterizam o professor que cada um é?

Em sua performance solitária em sala de aula, cada educador pode reconhecer em sua voz e gestos ecos das condutas de tantos outros mestres cujo comportamento desejou imitar; ou silêncios de tantos outros cuja atuação procurou recalcar.

A identidade profissional resulta de um feixe de memórias de sentidos diversos, de encontros e de oportunidades ao longo da jornada. A identidade profissional resulta, portanto, do diálogo com o outro que nos constitui. É coletiva, não solitária.

A coleção Como Eu Ensino quer aproximar educadores que têm interesse por uma área de conhecimento e exercem um trabalho comum. Os autores são professores que compartilham suas reflexões e suas experiências com o ensino de um determinado tópico. Sabemos que acolher a experiência do outro é constituir um espelho para refletir sobre a nossa própria experiência e ressignificar o vivido. Esperamos que esses encontros promovidos pela coleção renovem o delicado prazer de aprender junto, permitam romper o isolamento que nos fragiliza como profissionais, principalmente no mundo contemporâneo, em que a educação experimenta um tempo de aceleração em compasso com a sociedade tecnológica na busca desenfreada por produtividade.

A proposta desta série de livros especialmente escritos *por professores para professores* (embora sua leitura, estamos certos, interessará a outros aprendizes, bem como aos que são movidos incessantemente pela busca do conhecimento) é sintetizar o conhecimento mais avançado existente sobre determinado tema, oferecendo ao leitor-docente algumas ferramentas didáticas com as quais o tema abordado possa ser aprendido pelos alunos da maneira mais envolvente possível.

Paisagem na coleção Como Eu Ensino

Estamos por demais acostumados à paisagem ao nosso redor. Por isso, corremos o risco de negligenciá-la enquanto valoroso recurso didático no ensino de conceitos estruturantes da geografia. E, se a paisagem é tudo aquilo que nossos olhos enquadram (ou suas extensões, como satélite ou câmaras), a questão do ponto de vista torna-se crucial. Dependendo de onde estamos situados, vemos uma paisagem específica. Dependendo das ferramentas de análise, somos mais ou menos capazes de interpretar as informações contidas nas paisagens.

A proposta apresentada por Andrea de Castro Panizza neste volume da coleção Como Eu Ensino começa com o surgimento da perspectiva na pintura ocidental, que coincide (sem ser uma coincidência) com a ascensão burguesa. É a partir da ampliação do mundo medieval, literal e metaforicamente, que a paisagem ganhará cada vez mais relevância no mundo em que vivemos. Se, no primeiro capítulo, o objetivo principal é recuperar o polissêmico conceito de paisagem, o leitor-docente será apresentado, no capítulo seguinte, a uma chave de leitura criada especialmente pela autora para interpretar paisagens a partir de três pontos de vista, descortinados em sequência: a paisagem vista de modo frontal, das alturas e ao longo do tempo. Ao fim de cada abordagem, indicações de sites servirão para que o conceito possa ser trabalhado pelo professor antes das aplicações sugeridas para a sala de aula.

Seremos leitores competentes de informações geográficas, aptos a lidar com a dinâmica dos espaços, sejam eles alterados por forças da natureza ou pela natureza da força humana, na medida em que conseguirmos extrair do ambiente que nos cerca as pistas de suas transformações.

E essa é a aposta contida neste livro: depois dele, cada paisagem que nos cerca, por mais prosaica e cotidiana que possa parecer, surgirá aos nossos olhos revestida por outra maneira de enxergá-la. Digamos que os horizontes terão se ampliado e, com eles, a perspectiva das aulas de geografia também.

Maria José Nóbrega e Ricardo Prado

Sumário

Introdução – Aprendendo a olhar uma paisagem 9

1. O que é paisagem? 13
   1.1 Do lugar ao alto da montanha 16
   1.2 Além da estética, as formas e as trocas 23
   1.3 O lugar dos sentidos 31

2. Ver e ler a paisagem 39
   2.1 Olhar para ver: aprender a observar 43
   2.2 Maneiras de ver: campo de visão e escala 46
   2.3 Maneiras de ler: uma proposta de chave de leitura 55

3. Frente a frente com a paisagem 65
   3.1 De frente, como perceber os objetos? 70
   3.2 Pintura e fotografia 75
   3.3 Da rua ao quadro: propostas de atividades 81

4. A paisagem vista de cima 101
   4.1 Pixelizando a paisagem 107
   4.2 Do alto, como ver as formas? 112
   4.3 O conjunto: propostas de atividades 117

5. Tempo e movimento 131
   5.1 Resgatando a memória 136
   5.2 Tempo 1 e tempo 2 139
   5.3 Passado, presente e futuro: propostas de atividades 145

Referências bibliográficas 158

A autora 175

Introdução

Aprendendo a olhar uma paisagem

"A paisagem é uma janela de possibilidades ilimitadas."[1] Essa afirmação, escrita por Eric Dardel em 1952, permanece atual. Como conceito, a paisagem atravessou os séculos. Como representação, continua sendo fonte de inspiração para a humanidade na pintura, na poesia, na literatura, na fotografia, na música, no cinema, na jardinagem etc. Na escola, a paisagem é estudada, principalmente, no conteúdo de geografia. Mas se ela for considerada, realmente, uma "janela de possibilidades ilimitadas", por que não usar este conceito como um recurso didático já nos primeiros anos da escolarização? Como poderíamos usar a paisagem para aguçar a curiosidade e o interesse dos alunos pelo mundo que nos rodeia? Essas questões formam o objetivo central deste livro, que pretende trazer ao professor bases teóricas e metodológicas, além de propostas de atividades, que integrem o conceito de paisagem ao conteúdo escolar desde os primeiros anos do Ensino Fundamental.

Posto este desafio, nosso ponto de partida é a observação da paisagem local, rica em formas, cores, vivências, experiências e, o que é igualmente importante, está ao alcance da nossa vista. No entanto, para entender uma paisagem, não basta olhar. É preciso também aprender a olhar.

Aprender a ver e a ler as paisagens, portanto, será o fio condutor desta obra. Dentro da ótica geográfica, o livro está organizado em cinco capítulos. O primeiro capítulo, "O que é paisagem?", apresenta, em três partes, o desenvolvimento histórico desse conceito,

---

[1] DARDEL, E., 1990, p. 42.

que agrega ideias provenientes da evolução da ciência e, mais precisamente, do pensamento geográfico. O segundo capítulo, "Ver e ler a paisagem", é dedicado à metodologia e apresenta uma chave de leitura. Esses capítulos iniciais dão sustentação teórica e metodológica para os três capítulos finais, onde o leitor vai encontrar exemplos concretos de como ensinar a paisagem em sala de aula. No terceiro capítulo, "Frente a frente com a paisagem", exploramos a visão frontal na apreensão da paisagem. No quarto capítulo, "A paisagem vista de cima", trabalhamos o estudo da paisagem pela visão vertical. No último capítulo, "Tempo e movimento", destacamos as transformações da paisagem relacionadas à passagem do tempo. Nos três últimos capítulos, as duas primeiras partes apresentam conceitos e exemplos de como trabalhar a paisagem sob as óticas em pauta, isto é, a partir da visão frontal, zenital e diacrônica, respectivamente. As partes finais destes capítulos trazem ideias e propostas de atividades baseadas na chave de leitura, para serem aplicadas pelo professor em classe.

Tentando desvendar os objetos, as relações, as percepções e as histórias das paisagens, no decorrer da obra entrelaçamos análises objetivas e subjetivas. Com isso, pretendemos trazer aos professores e alunos novos olhares sobre a paisagem.

Capítulo 1

O que é paisagem?

A paisagem está por toda parte[2], e para vê-la basta olhar pela janela. Ela possui formas, cores, volumes, odores, sons, funções. Toca nossos sentidos e emoções. E também conta uma história.[3] Os estudiosos do tema afirmam que a paisagem só existe pelo olhar dos homens, pois "a visão paisagística é, por essência, a visão humana, através da qual os homens veem a realidade do mundo que os envolve, a percebem por todos os outros sentidos e dela se apropriam"[4]. Esse espaço do olhar pode ser captado de diferentes maneiras: pelo olho humano, pelas câmaras fotográficas ou por sensores orbitais a quilômetros de distância da Terra, cada um registrando momentos, marcas, faces, sentidos, aspectos diferentes e complementares da paisagem.

Além de fazer parte do nosso cotidiano, a paisagem como conceito é utilizada em várias áreas do saber, a exemplo da geografia, da história, da sociologia, da ecologia, da arquitetura, das artes plásticas etc. Mas a paisagem será tratada aqui sob o ponto de vista da geografia, porque o tema é abordado ao longo da educação básica no contexto desta disciplina. Ao trabalhar as relações da sociedade com a natureza, a geografia traz conteúdos e conceitos essenciais para o entendimento das relações e conexões entre as duas esferas (sociedade e natureza). A paisagem é um conceito transversal e sua conotação geográfica é inevitável. Além disso, o conceito carrega em si características cognitivas e afetivas que possibilitam seu uso já nos primeiros anos do Ensino Fundamental. Nosso objetivo

---

[2] CORRÊA, R. L.; ROSENDAHL, Z., 1998, p. 11.
[3] BESSE, J. M., 2006, p. 63.
[4] PINCHEMEL, P.; PINCHEMEL, G., 1997, p. 382.

é propor ao professor maneiras criativas e estimulantes de se ensinar a paisagem.

Paisagem é um conceito polissêmico e de uso popular. Nos meios acadêmicos e científicos sua polissemia, isto é, sua multiplicidade de sentidos, foi entendida durante muito tempo como um problema: um termo impreciso e por isso cômodo, pois cada um o utiliza como quer.[5] A paisagem também era entendida como "uma importante seção da realidade ingenuamente perceptível e não uma ideia sofisticada"[6]. Hoje, novos olhares e novas leituras a reabilitaram. Ela passou a ser considerada uma entidade que possui muitos significados para aqueles que a vivem e a constroem. Para nosso objetivo, tanto a polissemia como a popularidade são qualidades, porque desde a infância todos nós tivemos diversas experiências com a paisagem. É dessas qualidades que vamos extrair recursos pedagógicos interessantes e convidativos.

Trazer o conhecimento acadêmico para a sala de aula requer uma transposição didática. Esta obra pretende fazer da paisagem um estímulo para o estudo da geografia, e para isso vai adaptar linguagens, métodos e sugerir atividades. Conceitos, metodologias e formas de apreensão da paisagem preenchem os capítulos com a finalidade de valorizar a aprendizagem de *ver* e *ler* uma determinada paisagem.

Como conceito, a paisagem atravessou séculos e seguiu diferentes correntes de pensamento, a evolução das sociedades e das tecnologias. Desde o século XVII, nos dicionários são encontrados três significados principais: 1. Extensão do espaço que o olho alcança, isto é, o espaço que é visto; 2. Quadro; 3. Qualquer

---

[5] BERTRAND, G., 2004, p. 141.
[6] SAUER. In: CORRÊA, R. L.; ROSENDAHL, Z. 1998, p. 15.

tipo de pintura.[7] Atualmente, significados bem semelhantes são encontrados nos dicionários: extensão de espaço e seus elementos que se alcança num lance de olhar; desenho, quadro, gravura, foto.[8] Trata-se de uma definição simples que não contempla todo o progresso que o conceito percorreu. O texto que segue traz um histórico, mais ou menos cronológico, da evolução do que se entende por paisagem, e da contribuição das diferentes linhas de pensamento da geografia na construção de um verdadeiro edifício conceitual.

1.1. Do lugar ao alto da montanha

Uma paisagem pode ser banal, vista todos os dias pela janela do quarto, ou excepcional, aquela admirada durante uma viagem, como por exemplo a praia de Copacabana, no Rio de Janeiro, ou o cânion do Itaimbezinho, no Rio Grande do Sul. Nelas, conseguimos distinguir facilmente as ruas, casas, prédios, praias, rios, rochas, formações vegetais, e logo sabemos de qual tipo de paisagem se trata: natural, urbana, rural, agrária, industrial, campestre, litorânea, montanhosa etc. Olhar ou contemplar uma paisagem nos parece óbvio e simples. A tarefa, no entanto, se torna um pouco mais complexa quando pensamos na definição do conceito. Tão fácil de reconhecer, mas difícil de definir; por quê? Porque o conceito evoluiu com a história, acompanhou diferentes correntes de pensamento[9], tornando-se polissêmico. Contudo, ter vários significados não impediu que se tornasse um dos conceitos-chave da geografia.[10]

---

[7] TOURNEUX, F. P. In: ROGER, A. (dir.), 1995, 194-198.
[8] Definições encontradas no *Michaelis Dicionário Brasileiro da Língua Portuguesa*, Editora Melhoramentos, 2014.
[9] SALGUEIRO, T. B., 2001.
[10] CORRÊA, R. L., 2000, p. 16.

Se para a nossa cultura a paisagem faz parte do cotidiano, em outras isso não ocorre, pois, segundo Augustin Berque (1942-), "a paisagem não existe como tal em todas as épocas, nem em todos os grupos sociais"[11]. Estudioso do tema, o autor fez um levantamento das civilizações "com paisagem" e "sem paisagem". Para isso, estabeleceu empiricamente quatro critérios de avaliação para distingui-las: 1. O uso de uma ou várias palavras para designar paisagem; 2. Uma literatura oral ou escrita para descrever a paisagem e sua beleza; 3. Ter representações picturais da paisagem; e, finalmente, 4. Ter "jardins de recreio"[12]. Ele constatou que muitas culturas não apresentam nenhum dos critérios. Para o autor, das chamadas grandes civilizações, somente duas apresentam todos os critérios: a China, a partir do século IV e a Europa, a partir do século XVI.[13] Vamos nos interessar pelos movimentos que atingiram a Europa, porque é de lá que vieram as influências da nossa geografia.

Jardins e paisagens, reais ou imaginários, sempre inspiraram a sensibilidade humana e foram descritos por poetas e filósofos desde a Antiguidade Clássica, a exemplo dos gregos e romanos.[14] Mas é somente no século XVI que a aproximação entre geografia e paisagem começa a se esboçar. O vocabulário usado para descrever as representações geográficas era o mesmo usado na pintura das paisagens. Muitos pintores italianos, alemães e flamengos também realizaram mapas em diversas

---

[11] BERQUE, A. (dir.), 1994, p. 6.

[12] Do francês *jardin d'agrément*. São jardins privados, destinados principalmente à recreação, onde se encontram plantas ornamentais, medicinais e hortas. Mais sobre este assunto: CARCAUD, N.; LAJARTE, A. Os jardins que nos representam. In: PANIZZA, A. C. (org.). *Paisagens francesas:* terroirs, cidades e litorais. Campo Mourão: Ed. Fecilcam, 2010. Disponível em: www.fecilcam.br/editora. Acesso em: 22 out. 2014.

[13] BERQUE, A. (dir.), 1994, p. 15. Alain Roger discorda de Berque, pois, para ele, os quatro critérios também estavam presentes na Roma antiga (ALAIN, R., 2000, p. 33-34).

[14] DONADIEU, P.; PÉRIGORD, M., 2007, p. 12.

escalas, tornando-se "observadores de espaços e de fenômenos do mundo terrestre" com olhos aguçados para ler a paisagem. Na época, o interesse estava na localização e a paisagem possuía o significado de sítio, aquilo que se define por uma posição e por relações de vizinhança. Implícita nessa noção existe a concepção de uma posição relativa, isto é, uma posição que se estabelece em relação ao conjunto de elementos, naturais e humanos, do entorno. Há, então, uma identificação com a corografia (estudo ou descrição geográfica de um determinado país, região ou município), porque o interesse estava no particular e no próximo, no inventário detalhado das coisas circundantes e na região. Nessa acepção de paisagem não há a percepção de espaços grandiosos ou de novos horizontes, pois ela está centrada nos detalhes do lugar e do seu entorno. Também ainda não há a conotação estética que posteriormente irá se agregar ao conceito, durante os séculos XVII e XVIII.[15]

Pouco a pouco, a representação da paisagem ultrapassa os limites do lugar e toma uma dimensão mais ampla. Esse movimento é notado tanto na pintura quanto na cartografia. A pintura flamenga, da região de Flandres[16], é pioneira na representação detalhada e de certa forma realista da paisagem, a exemplo do quadro *A Natividade* (1420-1425), de Robert Campin. Ainda mais impressionante é a paisagem vista da janela no quadro *A Virgem do Chanceler Rolin* (1434-1435), de Jan van Eyck.[17]

---

[15] BESSE, J. M., 2006, p. 17, 19, 23, 20-21.
[16] Região geográfica que comporta atualmente porções da França, da Bélgica e dos Países Baixos.
[17] DONADIEU, P.; PÉRIGORD, M., 2007, p. 10.

Figura 1. *A Virgem do Chanceler Rolin*, de Jan van Eyck (1434-1435). Óleo sobre madeira. 66 x 62 cm.

Esse quadro, assim como outros de sua época, está carregado de simbolismos religiosos que não serão tratados aqui. Nosso interesse reside na inovação feita por Van Eyck ao representar os três planos sucessivos que se abrem diante do observador. No primeiro plano, aparecem os personagens no balcão com as arcadas; são eles que dão nome ao quadro. No segundo plano, vê-se um terraço com jardim, flores e dois personagens observando a paisagem. A postura arqueada de um deles demonstra certa altura do terraço e é esta visão, do alto, que impressiona o observador da obra de arte. Assim como o personagem, ele também vê do alto uma paisagem imaginária. Por último, no terceiro plano encontra-se a paisagem propriamente dita, cortada por um rio e com montanhas no horizonte. As duas margens do rio estão interligadas por uma ponte e em cada uma existe uma cidade e campos cultivados. Barcos sobre o rio, personagens nas praças e atravessando a ponte dão movimento e dinamismo à cena retratada. A maior luminosidade sobre as montanhas na linha do horizonte, em contraste com o balcão mais escuro, traz profundidade ao quadro e cria o efeito da perspectiva atmosférica, característica da pintura flamenga.[18] Esse quadro marca a abertura de novos horizontes. A vista de cima do terraço apresenta uma profundidade e uma visão de conjunto, onde cada elemento da paisagem possui uma situação e uma localização específica em relação aos outros: o rio, as cidades nas margens, os campos adjacentes e as montanhas ao longe. A visão de conjunto não está congelada, porque a vida cotidiana, o vaivém dos moradores do lugar estão ali representados. De modo geral, no século XV, período em que viveu Van Eyck, as pinturas de paisagem eram baseadas numa observação minuciosa do real, onde o lugar de cada objeto na tela e sua associação tinham como finalidade produzir efeitos de composição e transmitir emoções. Eram paisagens idealizadas, cuja representação se-

---

[18] Museu do Louvre. Disponível em: http://musee.louvre.fr/oal/viergerolin/indexFR. html. Acesso em: 9 maio 2014.

guia certas regras, como a perspectiva linear[19] e o escalonamento de planos[20].

Os mapas são exemplos representativos da revelação de outros horizontes. A descoberta dos novos mundos ampliou o conhecimento das terras na superfície do globo. Segundo Besse, o mapa-múndi produzido por Abraham Ortelius marca uma ruptura com as representações precedentes, porque representa o mundo segundo o conhecimento da época. Amplamente inspirado pela produção cartográfica de seu amigo Gerardus Mercator, Ortelius publica em 1570 *Typus Orbis Terrarum*, um mapa-múndi que mostra os contornos da Terra como um todo. Com o mapa, publica também o que seria considerado o primeiro atlas moderno. Além de mostrar numa só obra o mundo por inteiro, esse conjunto de mapas foi sugestivamente intitulado *Theatrum Orbis Terrarum*, o Teatro do Mundo, para destacar que a Terra é o palco da ação humana. A obra de Ortelius fez grande sucesso e foi traduzida em diversas línguas. Sua ampla difusão contribuiu na construção de uma "nova consciência espacial" que evocava a "fusão do globo terrestre e do ecúmeno, da superfície da Terra e do mundo habitado pelos homens"[21]. Assim, surge a noção de "paisagem mundo" que apresenta a possibilidade de se ver a Terra em sua totalidade e de trazer aos homens novas posturas e possibilidades de ação perante o mundo, dentre elas a contemplação. O próprio Ortelius dizia que "o homem nasceu para contemplar o mundo"[22]. As experiências pictóricas e cartográficas que mostram o mundo na sua diver-

---

[19] É o tipo de representação que projeta em perspectiva objetos tridimensionais sobre um plano a partir de um ponto. Esse ponto de fuga é uma linha de horizonte imaginária.

[20] SALGUEIRO, 2001, p. 39.

[21] BESSE, J. M., 2005, p. 6. Disponível em: http://hal.archives ouvertes.fr/docs/00/11/32/78/PDF/La geographie_de_la_Renaissance_et_la_representation_de_l universalite.pdf. Acesso em: 9 maio 2014.

[22] BESSE, J. M., 2006, p. 23, 28.

sidade e totalidade permitiram a emergência de sua contemplação, um momento privilegiado de expressão da relação do homem com o universo:

A superfície da Terra [...] se oferece a distância, vista do alto, por um observador que de certo modo lhe faz face, como se lhe tivesse sido necessário separar-se dela para melhor compreender o que também o une a ela.[23]

O homem se descola da paisagem, ganha perspectiva e se afirma como um observador. Os historiadores consideram que foi o poeta italiano Petrarca (1304-1374) quem primeiro descreveu a "experiência paisagística", num relato de viagem intitulado *Lettres familières*, publicado em 1359. Com o simples objetivo de fruir da vista do alto de uma montanha, o poeta, radicado na França, escalou não sem dificuldades o Ventoux, ponto culminante dos montes de Vaucluse, nos Alpes franceses. Seus imponentes 1.911 metros de altitude e seu isolamento fornecem uma vista panorâmica dos Alpes e do mar Mediterrâneo. No seu relato, o poeta fala da "contemplação desinteressada, do alto, do mundo natural aberto ao olhar"[24]. Nos dias atuais, milhares de pessoas fazem a ascensão a pé, de bicicleta ou até mesmo de carro. O que hoje parece ser uma experiência corriqueira, subir ao alto da montanha e usufruir do panorama, não era séculos atrás.

Durante o período compreendido entre os séculos XIV e XV a evolução do conceito de paisagem passa do lugar, daquilo que está nas proximidades imediatas, para a visão panorâmica, oblíqua, do alto. A cartografia irá ampliar esse ponto de vista representando a Terra em sua totalidade. O mundo passa a ser o novo palco da ação humana. Porém, a contemplação

---

[23] BESSE, J. M., 2006, p. 29.
[24] *Ibidem*, p. 1-2.

não é mais suficiente, pois é preciso descrever para entender as novas paisagens que se desvendam, e a forma torna-se uma categoria analítica. Sobre isso ressaltaria, em 1894, o conhecido geomorfólogo Albrecht Penck: "Cada mapa que representa a forma da superfície da Terra é um tipo de representação morfológica"[25].

1.2. Além da estética, as formas e as trocas

Na contemplação, a paisagem que atinge nossos sentidos é uma representação, uma imagem desprovida de materialidade. No entanto, o real é mais do que isso, e aos olhos do observador a paisagem possui cores, volumes, formas, isto é, uma aparência. Na tentativa de integrar a aparência ao conceito, foi necessário avançar na ideia de que a paisagem "não se reduz a um mecanismo de projeção subjetiva e cultural", pois existe uma realidade além da representação. O passo em direção à realidade se deu com a "intenção de conhecimento e de intervenção" e, nesse sentido, a paisagem não é somente uma vista; é também um território no qual interagimos.[26] Sem negligenciar a importante função das imagens e da percepção humana no processo de definição do conceito, a paisagem também ganha a conotação de uma realidade efetiva, das coisas visíveis, cuja percepção humana capta somente a aparência. Vimos anteriormente que na construção do conceito de paisagem já havia as ideias de imagem e observador, herdadas da pintura e da cartografia. Neste momento, outras duas se agregam ao edifício conceitual: as coisas visíveis e suas formas.

Na Alemanha do século XIX a geografia foi elevada à categoria de disciplina científica. Com o

---

[25] PENCK *apud* SAUER, C. O. In: CORRÊA, R. L.; ROSENDAHL, Z., 1998, p. 20.
[26] BESSE, J. M., 2006, p. 61-64.

progresso das ciências naturais e o interesse pela observação direta da realidade feita em campo, o estudo da paisagem ganhou novas categorias. O alemão Alexander von Humboldt (1769-1859) foi um importante ator nesse processo e, como naturalista, entendia a geografia "como a parte terrestre da ciência do cosmos". Para ele, a paisagem causaria uma "impressão" no observador, que, somada à observação sistemática dos elementos e ao raciocínio lógico, levaria à explicação, baseada na causalidade das conexões existentes.[27] Viajante incansável, tentava associar a prática das viagens ao conhecimento geográfico, e foi nas montanhas andinas que correlacionou vegetação, clima e altitude para determinar uma zonação bioclimática e descrever uma repartição espacial[28], usando, assim, dados fisionômicos para caracterizar conjuntos de elementos naturais[29]. Apesar da palavra *Landschaft* já existir na língua alemã[30], Humboldt define seu significado como "tanto uma porção limitada da superfície da terra que possuía um ou mais elementos que lhe davam unidade, como a aparência da terra tal como era percebida por um observador"[31]. Sua leitura fitogeográfica da paisagem iria inspirar as análises regionais de muitos geógrafos franceses no início do século XX. Também na Alemanha, Friedrich Ratzel (1844-1904), ex-aluno do fundador da ecologia Ernst Haeckel, estabeleceu as bases da antropogeografia, tida como precursora da geografia humana. Em sua principal obra, *Antropogeografia*, publicada em 1882, demonstra a influência das condições naturais sobre a humanidade. Paisagem e sociedade estão ligadas à natureza pelos recursos

---

[27] MORAES, A. C. R., 1987, p. 48.
[28] DONADIEU, P.; PÉRIGORD, M., 2007, p. 18.
[29] CLAVAL, P., 2001, p. 123-124.
[30] TROLL, C., 1997, p. 2.
[31] SALGUEIRO, T. B., 2001, p. 40.

existentes no território, possibilitando, ou não, sua expansão espacial, seu isolamento e seu progresso.[32] Assim, "o espaço material e suas propriedades climáticas e geológicas" explicam as paisagens e as sociedades que ali vivem e se deslocam, sendo a mobilidade um fator importante em suas análises.[33] Também foi Ratzel quem utilizou pela primeira vez, em 1880, o termo "geografia cultural".[34]

Divergindo da abordagem alemã de geografia, a escola francesa, personificada na passagem do século XIX ao XX por Paul Vidal de La Blache (1845-1918), valorizou a história e a ação dos homens em seus estudos, não rompendo, entretanto, com a leitura naturalista vigente. A paisagem é entendida como suporte da relação homem-natureza e sua análise baseia-se na observação, na identificação, na comparação e na classificação. A abordagem vidaliana propõe o estudo da ação humana sobre a paisagem, não somente da paisagem em si, e identifica as regiões a partir dos traços históricos e naturais.[35] Um dos muitos discípulos de La Blache, Maximilien Sorre (1880-1962), iria explicitar seu interesse pela paisagem ao afirmar que "a essência da geografia reside na análise das paisagens"[36], e acredita que seu estudo deve residir nas "formas pelas quais os homens organizam seu meio". Para isso, adapta o conceito de hábitat à construção humana, tanto rural quanto urbana.[37] A geografia francesa usa os traços singulares da paisagem para delimitar e caracterizar as regiões geográficas. Para tanto, emprega técnicas rotineiras do trabalho do geógrafo, como a observação em campo, a visão panorâmica (do alto), o uso da cartografia e da fotografia,

---

[32] MORAES, A. C. R., 1987, p. 55.
[33] DONADIEU, P.; PÉRIGORD, M., 2007, p. 18 e 16.
[34] CLAVAL, P., 2007, p. 20.
[35] MORAES, A. C. R., 1987, p. 72 e 67.
[36] BERQUE, A., 2001. Disponível em: www.oeuvresouvertes.net/autres_espaces/berque1.html. Acesso em: 21 out. 2014.
[37] MORAES, A. C. R., 1987, p. 79 e 80.

multiplicando assim "as referências e diversificando as escalas de percepção e os ângulos de visão". Essa descrição exaustiva das paisagens de uma França basicamente rural deixa de lado infraestruturas, funcionamentos e se fecha no excepcionalismo. Ao renegar evoluções e dinamismos, deixa de lado a "grande mutação paisagística" que ocorria na época.[38]

Na efervescência do início do século XX e com o advento industrial e urbano, novas paisagens surgiram no horizonte. No plano científico outras abordagens foram testadas na matemática, na biologia e na ecologia que permitiriam o estudo das paisagens em sua globalidade e complexidade, por meio, por exemplo, do sistema e da modelização e, posteriormente, do sensoriamento remoto e da informática.[39] De modo geral, no entanto, as divergências entre as leituras geográficas sobre a paisagem se encontram mais no método de estudo do que na definição do conceito, pois os aspectos corológicos e os aspectos fisionômicos continuam em pauta.

O alemão Otto Shlüter (1872-1959) também entendia a paisagem "como uma fisionomia caracterizada por formas"[40], mas criou a noção de "paisagem humanizada"[41], aquela que é modelada tanto pelas forças da natureza quanto pela ação dos homens. Com isso, sua leitura traz um aspecto novo ao ratificar a interferência humana no quadro natural. Também sob essa influência alemã, o norte-americano Carl O. Sauer (1889-1975), professor da Universidade da Califórnia, desenvolveu uma linha de pesquisa conhecida como Escola de Berkeley, nome da cidade onde fica a universidade. Suas ideias foram publicadas em 1925 no artigo intitulado "The morphology of landscape"

---

[38] BERTRAND, G., 1984, p. 220.
[39] *Ibidem*, 1984, p. 222.
[40] SALGUEIRO, T. B., 2001, p. 40-41.
[41] DONADIEU, P.; PÉRIGORD, M., 2007, p. 16.

("A morfologia da paisagem"). Para ele, a geografia é uma disciplina fenomenológica que apresenta um interesse indiscutível pelo corológico e pela inter-relação dos objetos existentes na paisagem. Define paisagem como "uma forma da Terra na qual o processo de modelagem não é de modo algum simplesmente físico". E completa: é "uma área composta por uma associação distinta de formas, ao mesmo tempo, físicas e culturais". Para entender uma paisagem, é necessário "vê-la como uma unidade orgânica" e, assim, compreender "a terra e a vida em termos recíprocos". Importante ressaltar que Sauer considera como vida não só o homem que vive, modifica e adapta a seu favor o meio, mas também o aspecto puramente ecológico. Além do enfoque cultural, sua leitura também inova ao afirmar que a estrutura e a função da paisagem "são determinadas por formas integrantes e dependentes", pois a paisagem "tem uma identidade que é baseada na constituição reconhecível, nos limites e nas relações genéricas com outras paisagens que constituem um sistema geral"[42].

Com esses termos modernos, temos aqui o que alguns autores chamam de "início da visão sistêmica das coisas", que seria usada, junto à análise morfológica, em uma geografia mais aplicada e exploratória que se desenvolveu na Austrália e, sobretudo, na antiga União Soviética. Seu objetivo era o uso racional de vastos territórios ainda pouco conhecidos. Mesmo sem usar a expressão "sistema", esse tipo de abordagem trabalha, principalmente, com os "complexos naturais territoriais" e suas interações internas, deixando em segundo plano as diferenciações corológicas tão prezadas até então. Para isso, associaram o uso da fotointerpretação com os dados concretos de campo e a visão sistêmica, o que possibilitou o avan-

---

[42] SAUER, C. O. In: CORRÊA, R. L.; ROSENDAHL, Z., 1998, p. 23.

ço de reflexões teóricas sobre os sistemas naturais, suas estruturas e funcionamentos. Essa abordagem classificou uma determinada estrutura espacial em unidade paisagística, na qual o menor componente seria um espaço homogêneo mais ou menos complexo com atributos corológicos, morfológicos e funcionais onde ocorrem trocas de matéria e energia.[43]

Nos anos 1930, Ludwig von Bertalanffy (1901-1972) estruturou a Teoria Geral dos Sistemas. A teoria se origina na biologia, mas logo passa a ter uma aplicabilidade universal e atinge diferentes áreas do conhecimento, entre elas a geografia e, consequentemente, a paisagem por meio de leituras geossistêmicas e ecológicas. De modo geral, um sistema pode ser definido como "o conjunto de elementos e de relações entre eles e seus atributos". São as inter-relações entre unidades que definem o conjunto, e sua organização interna caracteriza "um todo que é maior que a soma de suas partes". Assim, um sistema é constituído de: 1. Elementos ou unidades, que constituem suas partes componentes; 2. Relações, que são os fluxos entre os elementos integrantes que os tornam dependentes entre si; 3. Atributos, as qualidades dos elementos, aquilo que os caracterizaria; 4. Entrada ou *input*, aquilo que o sistema recebe; 5. Saída ou *output*, tudo o que entra no sistema sai depois de sofrer transformações.[44]

Até então, no percurso teórico que incrementa o conceito de paisagem, ele passa da aparência das formas visíveis ao conjunto de formas interconectadas, cujo entendimento funcional é apreendido pelo todo. Além disso, o conceito possui uma dinâmica e evolui no tempo. George Bertrand, que divulgou o conceito de geossistema, integrou todos esses aspectos nesta conhecida definição:

---

[43] ROUGERIE, G.; BEROUTCHACHVILI, N., 1991, p. 36-37 e 38-39.
[44] CHRISTOFOLETTI, A., 1979, p. 1-2.

A paisagem não é a simples adição de elementos geográficos disparatados. É, em uma determinada porção do espaço, o resultado da combinação dinâmica, portanto instável, de elementos físicos, biológicos e antrópicos que, reagindo dialeticamente uns sobre os outros, fazem da paisagem um conjunto único e indissociável, em perpétua evolução.[45]

Outra influência importante vem do ponto de vista ecológico. A expressão "ecologia da paisagem", tradução da palavra alemã *Landschaftscölogie*[46], foi usada pela primeira vez em 1939 pelo biogeógrafo Carl Troll (1899-1975). Seu interesse residia na "compreensão global da paisagem e no ordenamento territorial", tendo recebido influência da geografia humana, da fitossociologia, da biogeografia e de outras áreas relacionadas ao planejamento. Fortemente inspirada pela noção de ecossistema, forjada por Arthur G. Tansley (1871-1955) em 1935, distingue-se dela pela explícita dimensão espacial. Troll define a paisagem como "uma entidade total, espacial e visual do espaço humanizado, compreendendo a integração funcional e estrutural da biosfera, da tecnoesfera e da geoesfera"[47]. Assim, em cada "unidade da paisagem", entendida como um espaço de terreno com características comuns, Troll reconhece as potencialidades e os limites de seu uso econômico. Trata-se, portanto, do estudo das paisagens modificadas pelos homens. Anos mais tarde, na década de 1980, a ecologia da paisagem vai sofrer a influência de biogeógrafos e ecólogos norte-americanos. Eles pretendiam adaptar a teoria da biogeografia insular na criação de reservas de vida selvagem, na conservação da diversidade biológica e no manejo dos recursos naturais. Naquela

---

[45] BERTRAND, G., 2004, p. 141.
[46] MONTEIRO, C. A. F., 2000, p. 19.
[47] FOURNIER, J., 2001, p. 106.

época, o uso dos computadores e a disponibilidade de imagens de satélite permitiram uma análise quantitativa (geoestatística) e a modelagem espacial[48] por intermédio das métricas da paisagem (*landscape metrics*), tais como mancha, corredor, matriz, conectividade, vizinhança etc. Pesquisas recentes mostraram que o método também pode ser aplicado com sucesso em paisagens urbanas e fortemente dinâmicas.[49]

Por fim, e ainda no contexto da abordagem morfológica, o conceito de paisagem ganhou vitalidade com o desenvolvimento do sensoriamento remoto, a vulgarização das fotografias aéreas e das imagens de satélite. Localizados a centenas de quilômetros de distância, os sensores a bordo dos satélites orbitais captam a paisagem "ponto a ponto, porção a porção da superfície terrestre, instantes congelados de materialidade, cuja totalidade somente pode ser encontrada no conjunto"[50]. Assim, a visão de conjunto captada pelos sensores orbitais mostra "formas paisagísticas que resultam de arranjos de dados naturais e dados culturais"[51]. Nesse momento, a ação humana passa a ser, definitivamente, considerada um novo andar no edifício conceitual da paisagem.

Até então, a geografia se preocupava em entender a realidade tal qual ela é, e para isso se prestava ao "exercício do olhar". Seu encontro com a paisagem real tem como objetivo "compensar as insuficiências de uma representação unicamente cartográfica do território". Além disso, adota procedimentos teóricos de modelização e desenvolve técnicas quantitativas semelhantes às usadas nas ciências naturais. A ubiquidade humana e sua ação transformadora

---

[48] METZGER, J. P., 2001, p. 1-7.
[49] Sobre isso ver, entre muitos, na literatura internacional: DENG, J. S. *et al.*, 2009 e YEH, C-T.; HUANG, S-L., 2009. No Brasil alguns estudos foram desenvolvidos por FOURNIER, J. *et al.*, 2005 e PANIZZA, A. C. *et al.*, 2007.
[50] CASTILLO, R., 1999, p. 87.
[51] PINCHEMEL, P.; PINCHEMEL, G., 1988, p. 382-383.

tornam a geografia uma ciência social que se interessa pelo conceito de espaço e que estuda as distribuições, as estruturas espaciais, as circulações e os comportamentos espaciais de "atores supostamente racionais e, portanto, modelizáveis"[52]. Mas seriam essas as únicas maneiras de se fazer geografia e de se olhar a paisagem?

1.3. O lugar dos sentidos

A construção do conceito de paisagem recebeu inicialmente influências incisivas das ciências naturais, mas isso não foi suficiente para acompanhar o avanço da ciência e as mutações paisagísticas dos diferentes momentos históricos. Vimos que os aspectos culturais já estavam presentes nas diferentes escolas: a antropogeografia de Ratzel, a paisagem humanizada de Shlüter, o gênero de vida de La Blache e a morfologia da Terra modelada por aspectos físicos e culturais de Sauer. Este último afirma explicitamente: "A paisagem cultural é modelada, a partir de uma paisagem natural, por um grupo social. A cultura é o agente, a área natural é o meio, a paisagem cultural, o resultado"[53]. Mesmo assim, o cultural aparece de maneira secundária, já que o ponto central dessas análises está, de modo geral, no estudo das influências do meio sobre os homens. Entretanto, um consenso parece emergir: o fato de que a paisagem não existe sem a percepção humana.[54] Os aspectos subjetivos da paisagem vieram com a influência das ciências humanas e sociais e, de certo ponto, em reação às análises quantita-

---

[52] BESSE, J. M., 2006, p. 76-77.
[53] SAUER *apud* CORRÊA, R. L.; ROSENDAHL, Z., 1998, p. 9.
[54] BERTRAND, G., 1984, p. 224.

tivas e de modelização em voga na época.[55] Dessas influências derivam o interesse pelo espaço vivido, pelos símbolos, sonhos, religiões, mitos, aspirações sociais e identidades territoriais.[56]

Desde a década de 1950, alguns autores já vinham destacando na leitura da paisagem o importante papel da percepção humana, ou seja, de como os homens percebem o mundo que os envolve. Troll já afirmava que as paisagens culturais incluem, "além dos fenômenos naturais, os pertencentes à economia, ao cultivo, ao tráfego, à população com sua língua, tradição e nacionalidade, à estrutura social, às artes e à religião"[57]. Bertrand dizia que a paisagem está posta, "está lá, enraizada no coração da natureza e do social, no coração das relações sociais, inevitável"[58]. A importância dada aos aspectos culturais marca uma mudança de enfoque: do visível, do material, do físico e ecológico ao fenomenal, isto é, o modo de ver e de sentir as coisas da paisagem e do mundo que nos envolve.

Os aspectos culturais são trabalhados em várias disciplinas científicas. Para geógrafos, o interesse está nos "laços que os indivíduos tecem entre si, sobre a maneira como instituem a sociedade, como a organizam e como a identificam ao território no qual vivem"[59]. A cultura é, então, entendida como "um conjunto de práticas compartilhadas comuns a um grupo humano"[60]. Não se desprezam, entretanto, as formas visíveis da paisagem, mas acrescentam-se à análise os fenômenos não visíveis, como a toponímia que expressa uma parte da história dos lugares.

---

[55] BESSE, J. M., 2006, p. 87.
[56] DONADIEU, P.; PÉRIGORD, M., 2007, p. 15-21.
[57] TROLL, C., 1997, p.3.
[58] BERTRAND, G., 1984, p. 226.
[59] CLAVAL, P., 2007, p. 11.
[60] COSGROVE, D., 1998, p. 101.

Tendo em vista a complexidade das paisagens contemporâneas, outras maneiras de apreensão são acrescentadas, porque fornecem atributos da paisagem passíveis de serem estudados. Cosgrove exemplifica três processos distintos: 1. Pela consciência coletiva: ter a consciência de falar em voz baixa, numa expressão de respeito, ao entrar num templo religioso, por exemplo; 2. Pelo significado: é a intervenção humana que transforma o significado de um objeto natural em um objeto cultural. O autor cita o exemplo do tomate, um objeto natural que se torna cultural ao integrar a alimentação humana e receber um novo significado. Mas essa nova significação, de objeto cultural, não apaga seu significado de objeto natural, como seu peso, sua cor etc.; 3. Pelo poder: a hegemonia cultural permite a manutenção do poder, quando, por exemplo, "as suposições culturais do grupo dominante aparecem como senso comum"[61].

A leitura subjetiva, do comportamento e do espaço vivido, foi privilegiada pelos autores da corrente de geografia humanista. O enfoque estava centrado no indivíduo, nas suas práticas e representações do mundo, pois "os lugares não têm somente uma forma e uma cor, uma racionalidade funcional e econômica. Eles estão carregados de sentido para aqueles que os habitam e os frequentam"[62]. A fenomenologia teve um papel importante, porque trouxe para a geografia o "interesse pelas percepções, representações e atitudes diante do espaço", além de abrir caminho para novas fontes de informação, como literatura, jornais, discursos, religiões, artes plásticas etc. Com isso, o conceito de espaço, entendido pela quantificação e modelização como um espaço geométrico e neutro se tornaria flexibilizado pela noção

[61] COSGROVE, D., 1998, p. 101-105.
[62] CLAVAL, P., 2007, p. 55.

de espaço vivido, pois as práticas e as representações cotidianas ganham legitimidade nos estudos. Agora o espaço é entendido como vivido, praticado e percebido.[63]

Dessa maneira, as paisagens também ganham cores humanistas de subjetividade. Pioneiro nessa temática, Eric Dardel (1899-1967) propôs, em 1952, uma reflexão filosófica sobre a geografia e o "ser geógrafo". Para ele, a geografia "é uma experiência da vida vivida pelo homem comum no encontro consigo mesmo"[64]. A paisagem é "uma evasão para toda a Terra, uma janela de possibilidades ilimitadas: um horizonte. Não uma linha fixa, mas um movimento, um impulso". E seria "pela paisagem que o ser humano toma consciência do fato de que ele habita a Terra". A paisagem é um conjunto, diz ele; além da justaposição de detalhes pitorescos, é uma convergência, um momento vivido[65] e, por isso, é a expressão da existência humana, é "a marca espacial do encontro entre a Terra e o projeto humano". Esse encontro é mediado pela cultura, e por meio dela a existência humana adquire um sentido concreto.[66]

Interessado na riqueza cultural do Japão e seguindo a mesma linha de pensamento de Dardel, Augustin Berque procura compreender a natureza e o significado das relações que uma população mantém com seu ambiente, e que engendram a construção de um meio que lhe é próprio.[67] O autor considera que a percepção humana nunca para frente aos objetos materiais porque a paisagem excede sua forma. Ela transcende os objetos materiais e tal processo é indissociável da cultura.[68] E questiona: qual seria a

---

[63] BESSE, J. M., 2001, p. 78 e 87.
[64] *Ibidem*, 2001, p. 89.
[65] DARDEL, E., 1990, p. 42, 146 e 41.
[66] BESSE, J. M., 2001, p. 94.
[67] PAQUOT, T., 2008, p. 103.
[68] BERQUE, A., 2001. Disponível em: www.oeuvresouvertes.net/autres_espaces/berque1.html. Acesso em: 21 out. 2014.

lógica que dá sentido à paisagem? Além da sua manifestação concreta, a paisagem existe em sua relação com a sociedade que a produziu, reproduz e transforma segundo uma lógica.

Berque propõe as categorias analíticas de "paisagem marca" e "paisagem matriz". Uma paisagem marca porque a sociedade deixa traços de sua atuação na superfície da Terra, um tipo de pegada humana, para usar um termo da moda. Uma paisagem matriz porque as experiências das marcas participam dos esquemas de percepção, concepção e ação, ou seja, da cultura. Esses esquemas "canalizam a relação da sociedade com o espaço e com a natureza". Como matriz, a paisagem é ao mesmo tempo um produto da realidade concreta, da experiência, da imaginação e da representação dessa realidade.[69]

Sua análise inovadora reconhece a importância da descrição da paisagem como objeto, mas propõe também uma leitura com repetidas idas e vindas entre marca/matriz e matriz/marca. A paisagem vista pelo olhar (a paisagem marca) é "apreendida por uma consciência, valorizada pela experiência, julgada (e eventualmente reproduzida) por uma estética e uma moral, gerada por uma política"; a paisagem matriz "determina, em contrapartida, esse olhar, essa consciência, essa experiência, essa estética e essa moral, essa política", isto é, as condições para a existência humana.[70] Em outras palavras, uma certa maneira de ver (é a paisagem matriz) uma certa natureza (é a paisagem marca), que por sua vez influenciaria (é a paisagem matriz novamente) uma certa natureza e uma certa sociedade (mais uma vez, a paisagem marca). Trata-se de um jogo que lança mão da paisagem para entender o sentido da *geo-grafia*, a escrita da Terra por uma socieda-

---

[69] VERDUM, R.; PUNTEL, G. A., 2010, p. 82.
[70] BERQUE, A. In: CORRÊA, R. L.; ROSENDAHL, Z., 1998, p. 23 e 86.

de. "Essa marca possui um sentido que implica toda uma cadeia de processos físicos, mentais e sociais, na qual a paisagem desempenha um papel perpétuo e simultâneo de marca e matriz"[71].

Como procedimento prático, Berque propõe cinco tipos de inventários: 1. Ecogeográfico: a agricultura e o hábitat mostram como e em qual grau a sociedade transformou a natureza; 2. Das representações: a análise de pintura, literatura, jardins etc. serve para entender como a paisagem é percebida e como a sociedade evoca a paisagem; 3. Dos conceitos e dos valores: como a sociedade entende o natural, o artificial, o sobrenatural, a natureza humana e como isso se traduz na arquitetura, no urbanismo, na organização espacial, nas utopias; 4. Das políticas: como a sociedade gera seu patrimônio, suas instituições etc.; e, finalmente, 5. A síntese: elaborada com o entendimento desses tópicos, do político pelo ético, deste pelo estético, pelo psicológico, pelo ecológico e todos reciprocamente[72].

Esta sinopse sobre paisagem nos permite entender o percurso do conceito que, de modo geral, segue o debate epistemológico da geografia. A polissemia do conceito foi por muito tempo entendida como um problema para sua aplicabilidade, pois redundava impreciso, superficial e confuso. Entretanto, a polissemia não desqualifica o conceito e permite extrair diferentes olhares e leituras sobre a paisagem. O quadro 1 sintetiza as principais acepções do conceito que foram abordadas aqui (ideia e significado) e apresenta as categorias analíticas que serão integradas, no próximo capítulo, na elaboração do procedimento metodológico.

---

[71] BERQUE, A. In: CORRÊA, R. L.; ROSENDAHL, Z., 1998, p. 87-88.
[72] *Ibidem*, 1998, p. 87-88.

Quadro 1. A formação do edifício conceitual sobre a paisagem

Ideia	Significado	Categorias do procedimento metodológico
Corologia	Lugar e seu entorno	Elementos da paisagem, vizinhança
Campo de visão	Contemplação, experiência paisagística, representação, imagem	Posição do observador (de frente, do alto)
Fisionomia	Materialidade	Forma, cor, tamanho, estrutura
Sistema	Sistema espacial	Inter-relação de elementos, funções, processos
Conjunto	O todo não é uma simples adição de partes	Conjunto dos elementos paisagísticos
Percepção	Experiências e sentimentos	Espaço vivido, práticas sociais

Para pesquisar na internet

Paisagem e pintura: Enciclopédia Itaú Cultural de Artes Visuais (em português). Breve histórico sobre a pintura de paisagem e seu desenvolvimento no Brasil. Ilustração com o quadro *As lavadeiras*, de Almeida Júnior, 1875. Disponível em: www.itaucultural.org.br/aplicExternas/enciclopedia_ic/index.cfm?fuseaction=termos_texto&cd_verbete=363&cd_item=8&c. Acesso em: 28 out. 2014.

Pintura: *A Virgem do Chanceler Rolin* (1434-1435), de Jan van Eyck. Museu do Louvre (em francês). Observação e análise detalhada do quadro. Disponível em: http://musee.louvre.fr/oal/viergerolin/index-FR.html. Acesso em: 28 out. 2014.

Mapa: *Typus orbes terrarum*. Norman B. Leventhal Map Center, na Biblioteca Pública de Boston (em inglês). É possível observar o mapa-múndi em alta resolução e folhear o atlas *Theatrum orbis terrarum*. Disponível em: http://maps.bpl.org/id/m8747. Acesso em: 28 out. 2014.

Artigos: Histórico do conceito de paisagem – Hypergeo (em inglês e francês). Disponível em: www.hypergeo.eu/spip.php?article289. Acesso em: 28 out. 2014. O conceito paisagem – Hypergeo (em inglês e francês). Disponível em: www.hypergeo.eu/spip.php?article284. Acesso em: 28 out. 2014.

Capítulo 2

Ver e ler a paisagem

Atualmente, ir ao mirante observar a vista parece uma atitude corriqueira. Mas essa atitude, que pode ser entendida como uma experiência paisagística, tal como aquela descrita por Petrarca, é um ato de liberdade. Segundo Lacoste, a experiência descrita pelo poeta é reafirmada nos quadros que representam as paisagens no Renascimento, época na qual emergia a classe social da burguesia e, com ela, inovações culturais como a ideia de indivíduo, liberdade e o domínio do próprio destino.

Assim, as representações de "grandes" paisagens descreviam muito mais do que um espaço mítico (o de Deus) ou um espaço inacessível (o do soberano). Elas representavam um espaço atingível, sem obstáculos e receios. É na categoria de indivíduo livre que o homem irá se aventurar e ver o que existe atrás da montanha, além dos horizontes do seu jardim, da sua parcela agrícola, além das restrições visuais das "pequenas" paisagens e do cotidiano. "A paisagem é o olhar que se pode conduzir sobre o espaço para além do contexto familiar, em direção ao que não se conhece bem e ao que não se viu ainda."[73] É assim que, posteriormente, nos séculos XVIII e XIX, o interesse dos homens pelas paisagens também se vinculará à ideia de liberdade. Por essa leitura, podemos entender que a paisagem possibilita atingir o desconhecido e fruir a liberdade. Como objeto de estudo, ela é considerada "fascinante", porém a sua interpretação nem sempre é fácil porque ela fala de homens que trabalham, modelam e habitam as paisagens e também de todos aqueles que os precederam. "Informa sobre as

---

[73] LACOSTE, Y., 2003, p. 145-146.

necessidades e os sonhos de hoje, e sobre aqueles de um passado muitas vezes difícil de datar."[74]

Apreender uma paisagem não é uma tarefa evidente e imediata. Ela "é o que vemos, mas não vemos jamais diretamente, não vemos jamais isoladamente e não vemos jamais de uma primeira vez"[75]. É preciso aprender a ver e a ler a paisagem, sendo necessário ir além da mobilização dos sentidos e aprender os códigos de seleção, apreciação e valorização, pois "a paisagem é uma maneira de ver o mundo"[76]. Lacoste coloca também a seguinte questão: para que serve a observação da paisagem? Para nos dar prazer, responde, mas não só, pois pode servir também para o exercício do poder (militar e administrativo). Mas o ato de observar, continua o autor, não deve se restringir somente aos especialistas; "é necessário um esforço para ajudar o maior número de cidadãos a saber pensar o espaço, sobretudo o espaço onde eles vivem, para saberem dizer mais claramente o que eles querem"[77]. Assim, a observação da paisagem pode também servir à construção da cidadania.

Se a experiência paisagística é um ato de liberdade e uma conquista de espaços desconhecidos, podemos considerar que toda criança vivencia essa experiência desde muito pequena; na verdade, desde que nasce. Em seus múltiplos contatos com o mundo, a criança busca a conquista do espaço, um espaço cheio de desafios e obstáculos que, "para ser conquistado, precisa ser conhecido e compreendido. Ela consegue ir avançando na sua capacidade de reconhecimento e de percepção. Ao caminhar, correr, brincar, ela está interagindo com um espaço que é social, está ampliando o seu mundo e reconhecendo a complexidade

---

[74] CLAVAL, P., 2007, p. 15.
[75] BERTRAND, G., 1984, p. 227.
[76] SALGUEIRO, T. B., 2001, p. 38.
[77] LACOSTE, Y., 2003, p. 150 e 148.

dele"[78]. A paisagem é uma parte integrante desse espaço construído e vivido socialmente e, assim, não possui somente atributos físicos. Sua presença no cotidiano e na vivência das crianças vai possibilitar sua integração no conteúdo escolar.

A paisagem é o ponto de partida de um processo de aprendizagem que engloba o conhecimento do aluno e sua experiência no espaço vivido. Partindo de experiências pessoais (familiares e escolares), todo aluno, já nos primeiros anos de escolaridade, é capaz de caracterizar uma paisagem, mesmo que seja de maneira aproximada e subjetiva. Ao integrar esse conceito desde o Ensino Fundamental I, o aluno é incentivado a ampliar sua visão e sua percepção do espaço que o envolve e, progressivamente, estabelecer comparações e conexões entre diferentes lugares. A paisagem possibilita o conhecimento do mundo próximo (à nossa volta) ou distante (outros lugares, países, o mundo da arte pelos livros, quadros, filmes, o mundo dos nossos sonhos, das ficções e utopias). Esse conhecimento amplia horizontes e tem papel estimulante na formação do aluno como um sujeito atuante da sua própria formação, pois ele aprende a observar e a analisar. Com isso, o aluno também desenvolverá uma atitude responsável no espaço onde vive, ao se tornar um ator no cotidiano da escola e da sociedade.

Novos olhares sobre o mundo podem ser descobertos com a leitura da paisagem. Ela deve "proporcionar aos alunos os códigos que permitem decifrar a realidade pela espacialização dos fenômenos"[79]. Essa prática pedagógica é chamada por alguns autores de alfabetização geográfica, enquanto outros falam de alfabetização espacial[80]. Independentemente da denomi-

---

[78] CALLAI, H. C., 2005, p. 231.
[79] PEREIRA, D., 2003, p. 14.
[80] PEREIRA, D., 2003 e CALLAI, H. C., 2005.

nação, esse tipo de alfabetização constrói, aos poucos, novos olhares.

Neste livro propomos diferentes etapas de aprendizagem destinadas à construção do olhar. A seguir, vamos desenvolver as maneiras de ver e ler a paisagem.

2.1. Olhar para ver: aprender a observar

Nos conceitos analisados no capítulo 1, vimos que a paisagem precisa de um observador para existir, pois só existe paisagem no espaço do olhar[81]. Então, é legítimo perguntar qual olhar seria viável para introduzir a leitura da paisagem no conteúdo do Ensino Fundamental I. Seria o olhar geográfico.

Observar é um método de estudo comum a muitas disciplinas científicas e é essencial na geografia. Jean Brunhes dizia: "Quem é geógrafo sabe abrir os olhos e ver". E acrescentava que não bastava querer ver; é preciso aprender a ver, e essa não é uma tarefa simples[82]. De modo semelhante, Claval afirma: "A geografia é uma ciência da observação"[83]. Para ler a paisagem, então, precisamos aprender a ver. Santos ressaltava que é na observação dos fatos e na forma como eles se apresentam concretamente que os estudiosos estabelecem um sistema de ideias, um sistema que é tirado da própria realidade[84]. Um olhar que, além de geográfico, deve ser também intencional, pois é um método de estudo. Ao problematizar um tema relacionado à paisagem, o professor estimula nos alunos um olhar intencional sobre ela, um olhar que busca elementos de análise, explicações e respostas.

---

[81] SALGUEIRO, T. B., 2001, p. 48.
[82] BRUNHES *apud* BESSE, J.M., 2006, p. 64.
[83] CLAVAL, P., 2001, p. 43.
[84] SANTOS, M., 1986, p. 157.

Olhares atentos veem, num primeiro momento, aquilo que está visível, a materialidade das coisas. Mas só isso não basta para efetuar uma leitura da paisagem; é preciso ir além e "apreender a relação entre a dimensão visível e aquela que não é", isto é, a dimensão da vida. Além de identificar as formas, é preciso dar um significado a elas, saber por que as coisas estão naquele lugar, dispostas daquela maneira, qual é a relação entre elas e como evoluem no tempo. Assim, ler a paisagem é "extrair formas de organização do espaço, estruturas, fluxos, tensões, direções e limites, centralidades e periferias"[85]. Tudo isso pode ser apreendido pelo olhar perspicaz, pelos sentidos atentos, pela curiosidade aguçada de todo aluno, bastando incentivo e prática pedagógica.

É necessário, então, olhar para ver e aprender a observar. Berque evoca a *geo-grafia* para afirmar a necessidade da observação e da descrição das formas concretas como ponto de partida para toda leitura da paisagem.[86] Besse, citando Ardaillon, destaca três etapas para ver a paisagem: olhar, ir ver e "saber ver".

Primeiro, é preciso ver; depois, é necessário ir a campo e lançar um olhar direto para "ver o objeto na sua própria natureza", transpondo as representações dos livros e dos mapas. Por último, é preciso "saber ver", isto é, ter aprendido as técnicas visuais para captar o objeto. Sobre isso, o autor também cita uma obra de Pierre George que pretende apresentar ao grande público um método de observação das paisagens. Nesse método ele apresenta, inicialmente, o olhar analítico que decompõe a paisagem e distingue seus elementos particulares, naturais e humanos. Em seguida, o olhar sintético deve recompor os elementos no conjunto da paisagem, sendo esse olhar necessário para a apreensão da "paisagem viva", aquela

---

[85] BESSE, J. M., 2006, p. 64.
[86] BERQUE, A. In: CORRÊA, R.L.; ROSENDHAL, Z., 1998, p. 87.

que se pode ver, escutar e "sentir viver". Para George, esses olhares se completariam. Exceder na descrição poderia "matar a paisagem viva"[87].

Para ver e ler uma paisagem precisamos observar, reconhecer, descrever, diferenciar e classificar seus elementos. Depois podemos analisar, comparar e construir explicações. Uma observação pode ser realizada de maneira direta ou indireta. A direta diz respeito ao que se encontra ao alcance da vista, da paisagem local, do espaço vivido, e nele identificamos os elementos materiais e imateriais, presentes e passados, em diferentes escalas. As coisas do cotidiano são um amplo repertório para a observação direta: a vista da janela do quarto, o bairro onde moramos, a rua da escola, o trajeto de casa até a escola, a orientação do Sol e os jogos de luzes e sombras que o astro provoca, as mudanças na paisagem decorrentes das diferentes horas do dia ou das estações do ano etc.

Já a observação indireta da paisagem pode ser realizada a partir de imagens disponíveis nos mais diferentes suportes: jornais, revistas, internet, fotografias, imagens de satélite, cartões-postais, livros, quadros, filmes, histórias em quadrinhos etc.[88] Depois de observar, é preciso descrever as coisas do entorno, suas características e reconhecer alguns fenômenos que as definem. Para Santos a "descrição e a explicação são inseparáveis", pois "o que deve estar no alicerce da descrição é a vontade de explicação"[89]. Com isso, a descrição se torna uma atividade interessante, já que permite um entendimento melhor do mundo ao nosso redor. Porém, a descrição não pode ser entendida como uma simples listagem do que se observa, mas deve selecionar na paisagem informações pertinentes e que possam sugerir explicações aos

---

[87] GEORGE, P. *apud* BESSE, J. M., 2006, p. 73-74.
[88] MACHADO, L. M. P., 2012, p. 44.
[89] SANTOS, M., 1999, p. 16.

problemas postos pelo estudo.[90] Descrever é expor, é contar minuciosamente e, com isso, podemos reconhecer, enumerar, distinguir, ordenar e organizar os elementos da paisagem observada. Progressivamente, com o reconhecimento dos elementos e com os questionamentos sobre as razões de estarem ali e de estarem distribuídos e organizados de uma determinada maneira, teremos informações suficientes para construir análises, classificações e comparações com outras paisagens e com outros lugares. Sabemos que "aprender a observar, descrever, comparar, estabelecer relações e correlações, tirar conclusões, fazer sínteses são habilidades necessárias para a vida cotidiana"[91], e o exercício do olhar geográfico sobre a paisagem pode desenvolver essas habilidades.

Contudo, a paisagem não possui uma única face. Para desvendar suas múltiplas facetas é preciso também "saber ver", habilidade que demanda um estudo técnico, pois depende do campo de visão e da escala.

2.2. Maneiras de ver: campo de visão e escala

Ver a paisagem também é, de certa maneira, apreender uma porção do espaço geográfico. E esse espaço não é neutro, não é somente um recipiente que contém coisas. É também o espaço da vida, onde as coisas estão, acontecem, evoluem; o espaço das atividades, das relações e das inter-relações, onde vivemos, interagimos e construímos nossa sociedade. Ao mesmo tempo, é o espaço dos significados, pois toda atividade possui objetivos, intenções e finalidades.[92] Além da materialidade, a dimensão cultural está presente nesse mesmo es-

---

[90] BRASIL, 1997, p. 87.
[91] CALLAI, H. C., 2005, p. 245.
[92] BESSE, J. M., 2014, seminário de pós-graduação, Departamento de Geografia, FFLCH, USP, inédito.

paço e se manifesta pelas práticas, pelos sentidos e pela percepção daquilo que é vivido num determinado contexto histórico. Todas essas dimensões do espaço geográfico atingem igualmente as paisagens. Mas como podemos apreender todas as dimensões na leitura de uma paisagem? Pelas diferentes maneiras de ver, que levam em conta campos de visão e escala. Cada maneira tem sua lógica, é um método de estudo e revela informações pertinentes para o nosso objetivo.

A distância entre o observador e a paisagem é um dos fatores determinantes dessa lógica. Olhar de perto ou de longe muda a perspectiva e, por consequência, a apreensão da porção do espaço. De perto, estamos frente a frente com a paisagem, envolvidos nela. Com nossos sentidos podemos vivenciar cores, cheiros, barulhos, podemos até mesmo sentir sua pulsação, seu dinamismo. Mesmo envolvidos na paisagem, como observadores precisamos guardar certo afastamento, pois para olhar a paisagem é preciso se afastar dela, no mínimo alguns passos, para ver o conjunto, certa porção do espaço.

De longe, do alto da montanha ou do mirante, vemos a paisagem distante, não escutamos mais os barulhos, não sentimos mais os odores e tampouco sua pulsação. Por outro lado, o distanciamento permite observar o conjunto em sua extensão, um tipo de visão sinóptica. Com isso, temos inicialmente duas maneiras de ver: uma visão horizontal (ou frontal) e uma visão oblíqua, que depende do desnível entre o ponto de observação e o espaço observado. Em ambas, vemos a paisagem em três dimensões. A tridimensionalidade é uma característica da paisagem facilmente observável. A partir de um ponto de vista, tanto na visão frontal como na oblíqua, vemos os desníveis do relevo, os volumes (das formações vegetais, dos prédios etc.), as cores, as sombras, e não vemos algumas porções do espaço que estão ocultas. Ao mudar de ponto de vista, vemos os relevos, os volumes, as cores, as sombras sob outro ângulo, e os espaços ocultos serão outros. Por exemplo, um observador diante de uma colina só pode ver uma vertente, pois a outra está oculta; para vê-la é preciso mudar o ponto de vista. A mesma coisa acontece com um observador diante de um quarteirão de edifícios altos: só é possível ver o que existe atrás deles quando ele muda sua posição; ao fazer isso, descortina outras formas, cores, volumes, sombras etc. "Quando o ponto de observação muda, a paisagem também muda, uma vez que não são mais as mesmas porções do espaço que estão ocultas."[93]

O observador situado no chão tem uma visão horizontal. No mirante, sua visão é oblíqua e, se ele continuar a ganhar altitude, vai conseguir atingir uma visão quase vertical. Ao se aproximar dessa, os espaços ocultos são reduzidos, pois a tridimensionalidade diminui e, com ela, a percepção do relevo, que na visão vertical aparece achatado. No zênite, com a altitude, a visão do relevo acaba por desaparecer. Esse tipo de visão se assemelha à dos mapas, que possuem duas dimensões, e o relevo é representado convencionalmente pelas curvas de nível. Alguns autores consideram que na visão vertical não é possível ver a paisagem, justamente porque as três dimensões desaparecem e, com elas, os espaços ocultos.[94] Para Pinchemel e Pinchemel, a visão da paisagem seria, necessariamente, limitada pelos volumes, ângulos de visão e espaços ocultos. No entanto, a visão vertical fornece uma visão de conjunto extremamente interessante. Com o desenvolvimento de sistemas de sensores remotos cada dia mais eficientes, esse tipo de visão é muito utilizada pela comunidade científica, pois tornou-se fonte de informação indispensável para muitos estudos, inclusive sobre as paisagens e suas transformações no

---

[93] LACOSTE, Y., 2003, p. 127.
[94] PINCHEMEL, P.; PINCHEMEL, G., 1988, p. 382 e LACOSTE, Y., 2003, p. 128.

espaço e no tempo. Mesmo discordando, Pinchemel e Pinchemel já previam o uso da denominação "paisagem" para aquilo que se vê nas imagens de satélite: "Na falta de outro termo, a palavra paisagem foi usada para designar o que as objetivas e os sensores nos transmitiam a centenas de quilômetros"[95]. Hoje, os sensores radares restituíram a tridimensionalidade às imagens. Por exemplo, o projeto SRTM (Shuttle Radar Topography Mission), desenvolvido pelas agências espaciais dos Estados Unidos, da Alemanha e da Itália, produziu imagens de radar para mapear o relevo das terras emersas do globo terrestre.[96]

As visões horizontal (ou frontal), oblíqua (ou panorâmica) e vertical (ou zenital) quando registradas por sensores fornecem imagens coloridas, bonitas e intrigantes, que se constituem em infalíveis recursos didáticos. As câmaras fotográficas e os sensores remotos são instrumentos ideais para captar as paisagens. Eles as enquadram, congelam e registram em imagens que podem ser estudadas na sala de aula pela observação indireta (capítulos 3, 4 e 5).

Porém, esses sensores registram somente a dimensão material da paisagem, ou seja, a "paisagem marca" de Berque, com as pegadas e os traços de uma paisagem que foi humanizada. É uma paisagem "parcial", porque ela está "congelada" num determinado momento. A apreensão do movimento ou das transformações paisagísticas só pode ser feita pela análise diacrônica. Para isso, precisamos ter duas imagens da mesma paisagem registradas em momentos diferentes (capítulo 5). A paisagem "congelada" registrada pelos sensores remotos também não mostra a vida que a anima. Para captar a dimensão cultural precisamos dos olhos, dos

---

[95] PINCHEMEL, P.; PINCHEMEL, G. 1988, p. 376.

[96] As imagens SRTM brutas, isto é, prontas para serem processadas, estão disponíveis gratuitamente no site da NASA: http://www2.jpl.nasa.gov/srtm/cbanddataproducts.htm. Acesso em: 26 jun. 2014.

sentidos; precisamos estar frente a frente com a paisagem. Portanto, olhos, lentes e sensores remotos se completam e registram diferentes facetas da paisagem. Da mesma maneira, também são complementares as visões horizontal, oblíqua e vertical. A figura 2 apresenta exemplos de quatro maneiras de ver a paisagem através das visões horizontal, oblíqua e vertical.

Figura 2. Tipos de visão

Visão horizontal em (a); visão oblíqua em (b), visão vertical em (c) e diacronia em visão horizontal em (d1) e (d2). Fonte: PANIZZA, A. C.; FONSECA, F. P., 2011, p. 32. Disponível em: http://citrus.uspnet.usp.br/geousp/ojs-2.2.4/index.php/geousp/article/view/448/260. Acesso em: 10 jun. 2014.

Em (a) vemos poucos elementos da paisagem, não há uma visão do conjunto, pois o Arco do Triunfo, em Paris, foi fotografado de frente, em visão horizontal. O fotógrafo-observador está quase no mesmo nível dos carros; no entanto, percebemos um pequeno desnível do terreno, pois o monumento encontra-se em posição mais alta que o observador, no alto da colina. Vemos, então, o relevo e também o dinamismo, com o movimento dos carros e da bandeira (a posição da bandeira permite inferir que naquele momento estava ventando). Embora a foto mostre um famoso monumento histórico, essa é a visão das pessoas que passam por aquele lugar, turistas ou parisienses. É, por excelência, a visão dos homens e do cotidiano.

Em (b), uma parte da cidade do Rio de Janeiro é vista do mirante do Corcovado, a 710 metros de altitude. Nesse caso, a visão oblíqua permite um campo de visão maior. A paisagem se apresenta ao olhar do observador, que consegue identificar diferentes elementos e localizar alguns pontos da paisagem: em primeiro plano, prédios do bairro de Botafogo e a orla do Rio de Janeiro; em segundo plano, o Pão de Açúcar; ao fundo, em terceiro plano, entre os promontórios, a cidade de Niterói, suas praias e uma parte da lagoa de Piratininga. Nessa imagem, a observação indireta pode iniciar várias análises geográficas sobre o relevo, a ocupação do solo, a vegetação, o turismo etc.

Em (c), a visão vertical apresenta uma forma de apreensão da paisagem incomum. Nesta fotografia, tirada de um balão, vemos uma porção da paisagem onde podemos identificar formas e cores. As formas são geométricas e indicam uma paisagem trabalhada pelos homens, mas não habitada. Uma pequena estrada divide os cultivos agrícolas. Nas três parcelas vemos diferentes cores que mostram situações também diferentes: são plantios de milho em diferentes estágios de maturação (à esquerda, e em cima, à direita); solo exposto, porém com os traços do trator, mostram que a terceira parcela da imagem foi semeada recentemente (embaixo, à direita).

Finalmente, em (d1) e (d2) vemos a mesma paisagem retratada em dois momentos diferentes: na maré alta e na maré baixa. Nessas duas imagens percebe-se a diacronia, isto é, as transformações ocorridas em lapsos de tempo, que, nesse caso, são observadas no momento da maré alta com a presença do mar (d1), e no momento da maré baixa com a ausência do mar (d2). A sombra projetada pela ponte também comprova que a fotografia foi tirada em horários diferentes do dia.

A distância que separa a paisagem das lentes do observador é também determinante para a escala, tornando-se outro fator importante na observação da paisagem. Temos aqui mais um conceito polissêmico intrínseco à geografia. Nos dicionários existem mais de dez significados, sendo o primeiro o de uma linha graduada que relaciona as distâncias reais e aquelas representadas nos mapas. Esta é a definição de escala gráfica. Mais precisamente, a escala é "uma relação matemática existente entre as dimensões verdadeiras de um objeto e sua representação proporcional a um valor estabelecido". A escala é um recurso matemático usado pela cartografia para reduzir as dimensões dos objetos reais com a finalidade de representá-los graficamente[97]. Como tema de estudo, a escala cartográfica faz parte do conteúdo de geografia do Ensino Fundamental II e, por isso, não vamos trabalhar com ela[98]. Para nosso objetivo, o estudo da paisagem, vamos usar a escala geográfica como "uma estratégia de aproximação do real", "uma medida que confere visibilidade ao fenômeno" que queremos estudar. Intuitivamente,

---

[97] BOCHICCHIO, V. R., 1989, p. 20.
[98] Sobre escala cartográfica no conteúdo da geografia escolar remetemos a FONSECA, F. P.; OLIVA, J., 2013; e sobre escala nos estudos geográficos, QUEIROZ FILHO, A. P., 2005, p. 55-66.

sabemos que não vemos as mesmas coisas ao olhar de perto ou de longe. Essa mesma lógica é válida para a observação de superfícies grandes ou pequenas, pois, pela nossa prática, percebemos que as grandes superfícies precisam ser observadas por um amplo campo de visão. As superfícies menores, ao contrário, podem ser apreendidas num campo de visão reduzido. Também sabemos que os elementos que compõem uma paisagem possuem tamanhos variados e, como consequência, existe um escalonamento dimensional.[99]

A observação realizada numa pequena escala tende a homogeneizar os fenômenos, enquanto a feita em grande escala tende à heterogeneidade. Alguns instrumentos ópticos auxiliam nesse tipo de observação: a lupa, os binóculos e o *zoom* da câmara fotográfica ou do Google Earth aproximam o que está longe, reduzindo o campo de visão e favorecendo a visualização de detalhes que não poderiam ser vistos a distância. "Um mesmo fenômeno observado por instrumentos e escalas diferentes mostrará aspectos diferenciados de cada um."[100] Grataloup diz que a escala geográfica deve explicar uma dimensão pela outra, quando "somente a lógica dos fenômenos estudados deve ser considerada" e, com isso, conseguimos certa autonomia de explicação.[101]

Ao associar o fenômeno ao espaço no qual ocorre, a escala geográfica torna-se uma questão dimensional e fenomenal, não apenas um problema matemático.[102] Brunet exemplifica esse exercício entre dimensão e fenômeno afirmando que é necessário "adaptar a análise à dimensão da paisagem considerada", pois os atores e os significados não são os mesmos ao considerarmos uma cidade inteira ou

---

[99] TROLL, C., 1997, p. 4.
[100] CASTRO, I. E., 1995, p. 118, 126.
[101] GRATALOUP, C., 1979, p. 73-74.
[102] CASTRO, I. E., 1995, p. 130-131.

somente um dos seus bairros.[103] Para Lacoste, esse exercício consiste na essência do olhar geográfico sobre a paisagem e deve criar sucessivas adaptações do dimensional ao fenomenal, gerando um "deslizamento escalar" entre as diferentes dimensões. É, portanto, um olhar multiescalar. Nesse olhar, continua o autor, em primeiro plano vemos os objetos em tamanho real, e depois, em tamanhos cada vez menores até o horizonte. O que é facilmente perceptível em primeiro plano torna-se mais difuso com a distância. Esse distanciamento óptico também pode atingir o entendimento sobre a paisagem, pois "a mais abominável das favelas será, a uma certa distância, apenas uma mancha de cor que se integrará *perfeitamente* na paisagem"[104]. Os efeitos do distanciamento são particularmente impressionantes na visão oblíqua ou vertical, sendo a janela do avião ou as imagens de satélite bons exemplos disso. O autor alerta para o fato de que, de longe, tudo numa paisagem parece harmonioso e bonito e, por isso, em geral, pensamos: "O que é belo está bem"[105]. Entretanto, esse fato não deve se tornar um empecilho para o estudo multiescalar, como veremos no capítulo 4.

Campo de visão e escala são estratégias da apreensão do real, pois não se pode apreender o real em sua totalidade. Além da adaptação escalar relatada anteriormente, Brunet propõe, como método de estudo, considerar os elementos da paisagem de maneira isolada e, depois, no conjunto ou no todo paisagístico.[106] Sauer dizia: "A paisagem geográfica é uma generalização derivada da observação de cenas individuais"[107]. Por sua vez, Santos afirmava que não se pode estudar

---

[103] BRUNET, R., 1995, p. 11.
[104] LACOSTE, Y., 2003, p. 147, grifo do autor.
[105] *Ibidem*, 2003, p. 147.
[106] BRUNET, R., 1995, p. 11.
[107] SAUER. In: CORRÊA, R. L.; ROSENDHAL, Z., 1998, p. 24.

o todo pelo todo; é necessário fragmentá-lo[108], sendo essa fragmentação também um produto do olhar intencional. Então, para guiar o olhar sobre a paisagem propomos, a seguir, uma chave de leitura.

2.3. Maneiras de ler: uma proposta de chave de leitura

Espacialidade e temporalidade são noções fundamentais para todo estudo de geografia. Na leitura da paisagem, não é diferente. Desde os primeiros anos de escolaridade, as relações espaciais e temporais são trabalhadas progressivamente. Na construção da noção de espaço, as crianças precisam transcender sua percepção corporal como referência na localização dos objetos e passar a utilizar relações estabelecidas a partir de outros pontos de vista ou a partir de um sistema de referência.

Esse processo se constrói pela aprendizagem gradual das diferentes relações espaciais, como as relações topográficas de proximidade, separação, ordem e continuidade; as relações projetivas de orientação espacial e as métricas de distância e situação. Embora de aprendizagem um pouco mais complexa, as relações temporais também devem integrar a leitura das paisagens. Pela organização temporal os alunos desenvolvem as noções de cronologia (presente ou passado), de sucessão (passado, presente e futuro), de duração (início e fim) e de simultaneidade.[109] As relações espaciais e temporais devem estar presentes nos conteúdos trabalhados pela geografia desde os anos iniciais do Ensino Fundamental. Por essa razão, elas estão implícitas nos conteúdos propostos na nossa chave de leitura da paisagem, como veremos a seguir.

---

[108] SANTOS, M., 1997b, p. 57.
[109] PAGANELLI, T. I. *et al.*, 1985, p. 21-30.

Segundo os Parâmetros Curriculares Nacionais (PCN), no conteúdo do Ensino Fundamental I, a leitura da paisagem deve focalizar

> as dinâmicas de suas transformações e não a descrição e o estudo de um mundo estático. A compreensão dessas dinâmicas requer movimentos constantes entre os processos sociais e os físicos e biológicos, inseridos em contextos particulares ou gerais. A preocupação básica é abranger os modos de produzir, de existir e de perceber os diferentes espaços geográficos; como os fenômenos que constituem as paisagens se relacionam com a vida que as anima. Para tanto, é preciso observar, buscar explicações para aquilo que, numa determinada paisagem, permaneceu ou foi transformado, isto é, os elementos do passado e do presente que nela convivem e podem ser compreendidos mediante a análise do processo de produção/organização do espaço[110].

Mas como fazer isso? Como transpor para a sala de aula um método de estudo sobre as paisagens e como fazê-lo de maneira a interessar os alunos? Para estimular a curiosidade, podemos iniciar esse processo de ensino-aprendizagem com questionamentos simples. Dolfuss propõe para toda análise geográfica as seguintes perguntas: Onde? Como? Por quê? Delas será possível definir uma situação geográfica que nasce das relações entre os diversos elementos do espaço e suas interações. Serve, ainda, para "compreender a organização e a evolução de uma paisagem"[111]. Além dessas, uma outra pergunta (O quê?) acrescenta informações qualitativas pertinentes à leitura das paisagens. Na sala de aula, esses questionamentos também são úteis e podem partir do interesse dos alunos sobre as coisas

---

[110] BRASIL, 1997, p. 74.
[111] DOLFUSS, O., 1973, p. 109.

do cotidiano, sobre o lugar onde vivem, a paisagem local e o espaço vivido. Perguntas simples auxiliam na problematização dos temas e trazem um aspecto prático para o desenvolvimento das habilidades.

Por exemplo, o quê? É uma questão regularmente empregada na cartografia que remete aos aspectos qualitativos dos objetos, permitindo diferenciá-los.[112] Na leitura da paisagem, os aspectos qualitativos não identificam uma paisagem em seu conjunto, mas com eles qualificamos em "diferentes" ou "semelhantes" os elementos que a compõem. A presença ou ausência de um tipo de elemento revela informações sobre a composição e o tipo de paisagem. O que eu vejo na paisagem? Vejo algumas casas, muitos prédios e ruas; isso caracteriza um tipo de paisagem. Ou, para um outro tipo de paisagem, vejo florestas densas, vegetação rasteira, rios e alguns barcos. Essas informações são elementos de análise que trazem indícios sobre a composição, certa distribuição e organização espacial.

Onde? É uma questão que está explícita em todo ato de reconhecer um lugar e nele se orientar. São habilidades necessárias a todos nós e isso acontece desde a infância. Ao integrá-las ao conteúdo escolar, favorecemos "a observação do local de vivência, que é altamente instigador de novas descobertas"[113]. Para reconhecer um lugar precisamos "memorizar imagens concretas, apreensões visuais, olfativas ou sonoras" que nos possibilitam o reconhecimento. No círculo de práticas cotidianas, os itinerários percorridos com frequência nos são familiares, mas para conhecê-los e memorizá-los é preciso uma aprendizagem. Esse espaço familiar fornece caminhos bem balizados, com limites e referenciais de fácil reconhecimento. Ao ampliarmos o espaço para além do primeiro círculo, os itinerários tornam-se mais complexos, ainda que pos-

---

[112] MARTINELLI, M., 1991, p. 16.
[113] SÃO PAULO, 2007, p. 46.

sam ser memorizados e reconhecidos, mas "as referências visuais identificáveis até o horizonte tornam-se essenciais e ganham um valor simbólico". Para ultrapassar os limites do espaço que está ao alcance da vista, "na direção de um outro lugar longínquo, invisível e mais suposto que conhecido, é necessário orientar-se". E isso demanda processos abstratos e a utilização de sistemas de orientação[114], como os usados na cartografia e no GPS[115].

Para os itinerários curtos e cotidianos, o sistema de orientação é mais simples e pode se basear nos elementos materiais da paisagem e nos referenciais pessoais e familiares. Conhecer, reconhecer e orientar-se num lugar são experiências individuais que se apoiam em pontos de referência culturais e paisagísticos. Essas experiências e referenciais também são usados na promoção de outras habilidades essenciais no desenvolvimento dos alunos, como a localização. Ela determina o local exato de um objeto sobre a superfície terrestre e é um dado fundamentalmente geográfico. Podemos nos localizar por meio de uma coordenada geográfica ou com um endereço. Ambos cumprem a mesma função: conduzir ao local exato. Em uma coordenada geográfica, temos a longitude e a latitude como referenciais, enquanto no endereço aparecem o nome da rua, o número, a cidade e o código postal. Assim, toda informação sobre a localização de um objeto é por essência relativa, porque é definida a partir de um referencial fixo, determinado por convenção e, por isso mesmo, arbitrário. O meridiano de Greenwich e a Linha Internacional da Mudança de Data são exemplos dessas escolhas convencionais.[116] Portanto, qualquer pessoa pode criar seu próprio sistema de orientação e nele localizar seus

---

[114] CLAVAL, P., 2007, p. 189-190 e 194.
[115] Sistema de Posicionamento Global, sigla do inglês Global Positioning System.
[116] PUMAIN, D.; SAINT-JULIEN, T., 1997, p. 32.

lugares preferidos. Isso pode ser, ao mesmo tempo, um exercício e uma atividade lúdica.

A localização é um dado interessante, mas insuficiente para uma leitura mais completa. Podemos, então, associar uma distância, ou um conjunto de distâncias, à localização para caracterizar uma situação. Com ela define-se a localização de um objeto em relação a outros, assim como as relações existentes entre eles.[117] A distância é uma medida da separação espacial entre dois locais e interfere nos deslocamentos sobre a superfície terrestre. Em geral, ela é medida por uma unidade de comprimento[118] ou pela duração do deslocamento. As distâncias que situam uma localização em relação a outra, medindo a espacialização entre duas coisas, são atributos quantitativos, mas também possuem atributos qualitativos porque estão inseridas num sistema de orientação próprio a cada pessoa, cujos referenciais foram construídos pelos sentidos e experiências pessoais. Por exemplo: um aluno pode situar a escola em relação a suas referências familiares e a seu espaço vivido ("a escola fica perto da casa da minha tia"). Localizar os objetos e colocá-los em situação é o primeiro passo para o estudo da configuração dos lugares. Com esse estudo podemos relativizar, diferenciar e comparar lugares e suas paisagens.

Em seguida, podemos analisar a distribuição e a articulação das "marcas humanas" deixadas na superfície da Terra.[119]

Como? É por esse questionamento que, em geografia, podemos desvendar a distribuição das coisas numa determinada extensão. Como se dá a distribuição espacial de um fenômeno? É a observação direta ou indireta da paisagem que vai possibilitar a descri-

---

[117] CLAVAL, P., 2001, p. 116.
[118] PUMAIN, D.; SAINT-JULIEN, T., 1997, p. 22 e 25.
[119] BRUNET, R., 1997, p. 25-26.

ção da distribuição espacial. Ela pode ser concentrada ou dispersa, contínua ou descontínua. Em relação à forma, a distribuição pode ser linear, anular, em bandas etc. A escala geográfica tem um papel fundamental para sua apreensão[120], pois observação e descrição vão depender da adequação entre o campo de visão e o fenômeno observado. Sua inadequação pode levar à perda de detalhes e à homogeneização da paisagem.

Também podemos perguntar: Por que as coisas estão ali e não em outro lugar? Por que estão organizadas de uma forma e não de outra? A localização e a distribuição não são frutos do acaso, são produtos de uma determinada organização da sociedade[121], que também se reflete espacialmente. "O espaço não é somente um produto, também é organizado e podemos reconhecer nele os sistemas existentes e que fazem essa organização." De fato, pode-se ver na organização espacial a lógica que instalou a sociedade, que a produz e a transforma. Uma organização espacial nasce do trabalho individual de atores e de decisões de instituições públicas e coletivas que criam e realizam grandes projetos sobre os territórios, e que se concretizam adquirindo formas diferentes.[122] Por exemplo, um hábitat agrupado pode indicar o acesso à fonte de água; um hábitat disperso pode indicar facilidade de locomoção; barracos construídos no terreno ao longo da ferrovia indicam déficit habitacional; imensas parcelas agrícolas indicam mecanização do campo etc.

Nenhuma organização espacial é imóvel, nem no espaço nem no tempo. Ela evolui e se transforma para se adaptar à sociedade, por isso está sempre em mutação. Nesse movimento de tempos diferentes, as paisagens se constroem com elementos de várias idades,

---

[120] BRUNET, R. *et al.*, 1993, p. 165.
[121] PEREIRA, D., 2003, p. 14.
[122] BRUNET, R. *et al.*, 1993, p. 359.

onde o passado e o presente coexistem.[123] Ab'Saber dizia que "a paisagem é sempre uma herança", pois nela se encontram os processos naturais que moldaram as paisagens ao longo do tempo geológico.[124] O tempo também atravessa nossa percepção. Lowenthal afirma: "A consciência que temos da paisagem provém primeiro das experiências da infância e das observações baseadas nos sentidos". Cada paisagem, continua o autor, "é, não apenas um lugar imediatamente presente, mas também um lugar de memória"[125]. Por essas razões, o tempo, enquanto categoria analítica, também deve permear a leitura da paisagem.

As perguntas (O quê? Onde? Como? Por quê?) mais as categorias analíticas que reunimos no quadro 1 (capítulo 1) irão servir na construção de um procedimento metodológico para a leitura da paisagem em sala de aula que será resumido, ao fim deste capítulo, no quadro 2. Pierre George já forneceu algumas pistas para um método de estudo propondo os olhares analítico e sintético. Tal método trabalha, basicamente, com as coisas da paisagem e com a vida que as anima. Entretanto, vimos no capítulo 1 que o conceito de paisagem é polissêmico e se construiu, em resumo, sobre duas formas de apreensão. Uma objetiva, que entende a paisagem como objeto, como a materialidade visível. A outra, subjetiva, privilegia a percepção e relaciona-se com a ação de ver.[126] Ambas devem estar presentes na chave de leitura porque, segundo Besse, a complexidade da realidade de uma paisagem só pode ser apreendida na pluralidade analítica.[127] Além disso, a objetividade e a subjetividade são complementares e permitem desvendar aspectos diferentes das paisagens.

---

[123] CLAVAL, P., 2007, p. 309.
[124] AB'SABER, A., 2003, p. 9.
[125] LOWENTHAL, D., 2008, p. 13-14.
[126] AVOCAT, C., 1982, p. 334.
[127] BESSE, J. M., 2010, p. 285.

Brunet nos fornece pistas, mais completas, para a leitura da paisagem. Para esse geógrafo, estudioso das paisagens, da cartografia e autor da coremática[128], existem três abordagens referentes às paisagens: 1. Análise fisionômica, considerada um ponto de partida e primeiro contato com a paisagem, deve se ater à descrição e à classificação dos elementos; 2. Análise da percepção, e, portanto, dos significados e valores que os usuários dão à paisagem; 3. Por último, a análise sistêmica deve observar o interior do conjunto para conhecer os elementos, as estruturas e os sistemas existentes que o produziram e o influenciam.[129] Também implícitas nessa última análise estão as questões relativas ao tempo e à evolução.

Besse afirma que todo encontro com uma paisagem real, ou um real encontro com uma paisagem, corresponde a uma composição dessas três maneiras de ver e entender a paisagem, que, aliás, derivam da própria evolução do conceito. Toda paisagem, afirma o autor, pode ser entendida ao mesmo tempo: como uma realidade material, atravessada por valores e representações culturais; como um lugar de vida, como suporte de uma experiência de sensibilidade; e como um lugar de transformações.[130] As análises fisionômica, perceptiva e sistêmica poderiam, portanto, contemplar tudo isso e também proceder em diferentes níveis de complexidade. A chave de leitura foi elaborada a partir dessas análises, que também associam abordagens objetivas e subjetivas. Para cada análise acrescentamos as categorias, as habilidades e, por fim, a problematização que lança os conteúdos abordados nos estudos (quadro 2).

---

[128] A coremática é uma metodologia de análise e modelização das organizações espaciais. No Brasil, essa metodologia foi aplicada em estudos regionais (THÉRY, H., 2004 e 2007) e em estudos sobre organização e dinâmica espacial de cidades litorâneas (PANIZZA, A. C., 2004; PANIZZA, A. C.; FOURNIER, J. 2008), entre outros.

[129] BRUNET, R., 1995, p. 19-20.

[130] BESSE, J. M., 2010, p. 264.

O objetivo de uma chave de leitura é organizar as etapas de trabalho, que se tornam mais claras e compreensíveis para professores e alunos. Nos próximos capítulos, vamos usar as visões horizontal (capítulo 3), oblíqua e vertical (capítulo 4) e temporal (capítulo 5) no estudo das paisagens. A chave de leitura do quadro 2 vai conduzir nosso olhar intencional.

Quadro 2: Chave de leitura da paisagem

Análise (a partir de Brunet)	Categoria	Habilidade		Problematização	Conteúdo
Fisionômica	Elementos da paisagem: forma cor tamanho estrutura	Observação	Direta	O quê?	Composição Localização Situação Distribuição
			Indireta	Onde?	
		Identificação Descrição	Linguagem do desenho	O quê?	
			Linguagem oral		
			Linguagem escrita		
		Comparação Classificação Registro Explicação	Linguagem oral	Onde? Como? Por quê?	
			Linguagem escrita		
			Linguagem cartográfica		
Perceptiva	Prática social Espaço vivido Função	Identificação Descrição Orientação espacial	Representações cotidianas	O quê? Onde?	
Sistêmica	Processo Tempo	Identificação Descrição Comparação Relações temporais	Diferença Semelhança	O quê? Onde? Como? Por quê?	Transformação no espaço e no tempo

Para pesquisar na internet

Imagens de radar e relevo: O site da Embrapa (em português) mostra o relevo do país reconstituído a partir das imagens SRTM, com visualização por estados e municípios, além de vídeos com voos virtuais. Disponível em: www.relevobr.cnpm.embrapa.br/index.htm. Acesso em: 15 out. 2014.

Escala: Em The Scale of the Universe 2 (em várias línguas, inclusive português) pode-se ver um vídeo onde, por meio de uma barra de rodagem, é possível aumentar ou diminuir o *zoom* para visualizar a dimensão das coisas presentes no universo, com informações sobre tamanhos e características. Disponível em: http://htwins.net/scale2/. Acesso em: 2 out. 2014.

Tipos de visão (frontal, oblíqua, lateral, de cima e de baixo): Projeto Armazenzinho, da Prefeitura do Rio de Janeiro (em português): página interativa que apresenta os tipos de visão com pequeno texto explicativo e exercícios. Disponível em: http://portalgeo.rio.rj.gov.br/armazenzinho/web/observandoEspaco.asp?area=1. Acesso em: 2 out. 2014.

Capítulo 3

Frente a frente com a paisagem

Se a paisagem está em toda parte, como afirmamos no capítulo 1 deste livro, então tudo o que vemos no cotidiano é paisagem? Um exemplo: no quadro *O quarto em Arles*, Van Gogh retrata um cômodo entre quatro paredes com uma janela, uma cama, uma mesinha, cadeiras e outros objetos. Seria uma paisagem? Se pensarmos na sua definição mais comum, um espaço que se abrange num lance de vista, o quarto não é uma paisagem porque não há distanciamento nem lance de vista suficientes. Segundo a definição mais "clássica", a distância e o recuo possuem papéis importantes na apreensão da paisagem, pois é devido a distância que "a paisagem pode aparecer aos olhos do espectador"[131].

Para Corajoud, nem o quarto nem o centro de uma cidade podem ser considerados paisagens, pois é preciso haver um horizonte[132], uma extensão de espaço que a vista abrange. Outros estudiosos consideram a escala um fator determinante. Para um paisagista, a paisagem é sempre concreta e precisa ser vista numa escala de detalhe.[133] Para um geógrafo, a paisagem aparece entre a grande escala e os panoramas, pois um monumento, um jardim, uma estrada, uma parcela cultivada são elementos que integram uma composição maior que é a paisagem, e esta só pode ser observada nos panoramas, em visão de conjunto.[134] Seguindo a mesma linha de raciocínio, Lacoste acrescenta que numa paisagem

---

[131] BESSE, J. M., 2010, p. 265.
[132] CORAJOUD, M., 1995, p. 146.
[133] AVOCAT, C., 1982, p. 334.
[134] PINCHEMEL, P; PINCHEMEL, G., 1988, p. 382.

é preciso haver volumes, profundidades e espaços ocultos, pois as três dimensões despertam interesses no observador, seja ele um turista à procura de uma bela paisagem, seja um militar avaliando sua tática de guerra. Para o autor, a tridimensionalidade é essencial aos olhares que ultrapassam as questões estéticas, já que "a paisagem serve, antes de tudo, para fazer a guerra". Em um espaço reduzido, em pequenas distâncias sem perspectiva, não há paisagem. É por isso que "no meio da floresta não se pode ver a paisagem"[135].

Essa visão, entretanto, não condiz com a visão de um indígena da Amazônia. Para os que moram no interior da mata, como a comunidade indígena apurinã, que vive no estado do Amazonas, a floresta e tudo o que envolve a natureza possuem uma razão de existir. Essa razão entrelaça valores morais, religiosos e afetivos que se expressam na paisagem. Ela é o lugar dos mitos, da vida, dos antepassados e do futuro. Faz parte da identidade, proporcionando o sentimento de pertencimento ao lugar e ao grupo.[136] Para Dardel, a paisagem "não é um círculo fechado", mas um conjunto. Representa a inserção do ser humano no mundo, "lugar do combate pela vida", do ser social e "de uma totalidade afetiva"[137].

O quarto de Van Gogh, portanto, não representa uma paisagem. Mas ao abrirmos a janela do quarto vemos um horizonte, reconhecemos lugares e coisas, e sentimos diferentes sensações com o vento, a luz, os sons e os cheiros. Ao abrir a janela iniciamos o exercício do olhar e dos sentidos.

---

[135] LACOSTE, Y., 2003, p. 130 e 135.
[136] RISSO, L. C., 2008, p. 73-74.
[137] DARDEL, E., 1990, p. 41-42 e 44.

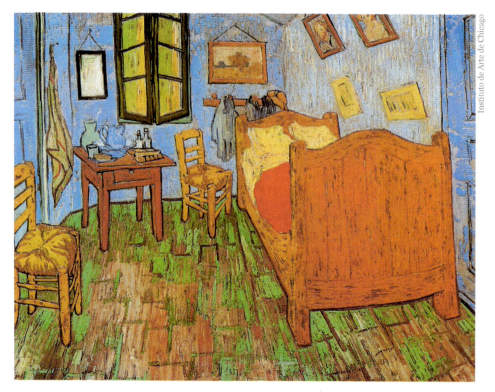

Figura 3. *O quarto em Arles*, de Vincent van Gogh (1889). Óleo sobre tela. 73 x 92 cm. Van Gogh produziu três versões deste quadro, que retrata seu próprio quarto na cidade de Arles, no sul da França.

No exercício de apreensão de uma paisagem não conseguimos num só lance de vista captá-la em sua totalidade. Como numa composição pictórica, é necessário decompor para decifrar a singularidade de suas tramas constitutivas, suas inter-relações, e aplicar uma chave de leitura.[138] Mas tal decomposição é somente um procedimento analítico inicial, pois a paisagem é um meio relacional onde todos os elementos são compreensíveis somente em relação a um conjunto que, por sua vez, se integra a outro, ainda mais vasto. Isolar e depois associar os elementos da paisagem permite realizar "infinitas" explorações

---

[138] AVOCAT, C., 1982, p. 339 e 336.

e descobertas. A paisagem é uma fonte "inesgotável" de indícios que apontam o que ela é, o que ela foi e o que ela pode se tornar.[139] É nessa composição, na trama de indícios, que detectamos aqueles que conduzem à caracterização de um tipo de paisagem.

Reconhecemos facilmente os diferentes tipos de paisagem: rural, natural, urbana, industrial etc. Bertrand afirma que são qualificativos restritivos que alteram o significado original do termo.[140] Mas esses adjetivos designam uma especificidade da paisagem que está ligada à sua função principal. Na origem, o significado da palavra "paisagem" era essencialmente rural, fruto do olhar do homem da cidade, do citadino em direção ao campo. Esse fato se comprova ao observarmos a etimologia da palavra. No francês *paysage* encontramos o radical *pays*, de "país". Nas grafias inglesa (*landscape*), e alemã (*Landschaft*), o radical é semelhante, confirmando uma conotação marcada de "ruralidade". A paisagem urbana, o seu oposto, irá surgir apenas no século XIX.[141]

Para caracterizar uma paisagem, precisamos identificar os elementos específicos que servem a uma determinada função, pois com ela se define o papel que pessoas ou coisas têm dentro de uma atividade ou sistema.[142] Santos afirmava que a função "sugere uma tarefa ou atividade esperada de uma forma, pessoa, instituição ou coisa"[143]. Por exemplo, um galpão, áreas de plantio e maquinário agrícola são coisas que possuem determinada função e, ao mesmo tempo, caracterizam determinada paisagem como sendo rural. De maneira oposta, avenidas, lojas de comércio e automóveis são funções específicas da paisagem urbana e carregam elementos característicos desta.

---

[139] CORAJOUD, M., 1995, p. 144-145.
[140] BERTRAND, G., 2004, p. 141.
[141] AVOCAT, C., 1982, p. 334. Sobre a etimologia da palavra, ver também HOLZER, W., 1999, p. 152-153.
[142] BRUNET, R. *et al.*, 1993, p. 220.
[143] SANTOS, M., 1997a, p. 50.

Existe um genuíno interesse pedagógico em extrair do conjunto paisagístico aqueles elementos que caracterizam sua tipologia e sua função, pois eles são também elementos explicativos. Depois de uma fase descritiva inicial, com os elementos característicos da paisagem podemos construir análises e explicações. Para tanto, é preciso decompor e recompor a paisagem e aplicar a chave de leitura (quadro 2, pág. 63). Iniciaremos esse processo pela materialidade, ou seja, os aspectos das formas.

3.1. De frente, como perceber os objetos?

Na leitura da paisagem, o ponto de partida é a observação, a identificação e a descrição de seus elementos constituintes (capítulo 2, tópico 2.1). É a partir do estudo sistemático que desvendamos a trama da paisagem, evidenciando certa distribuição e organização espacial características. Mas nessa observação também há uma dimensão subjetiva, sobretudo quando se dá sobre paisagens conhecidas do cotidiano. Os indivíduos vivem, trabalham, agem (preservando ou modificando uma paisagem) e, assim, constroem experiências vividas.[144]

Quando designamos paisagem como um conjunto de elementos, tomamos inicialmente esses elementos em sua "materialidade objetiva". Entretanto, não apreendemos só a materialidade, pois cada pessoa percebe e sente a paisagem de uma maneira diferente. Esses componentes afetivos da paisagem são próprios a cada um de nós e apresentam diferentes graus e pontos de vista particulares. Assim, na apreensão da paisagem articulam-se olhares objetivos e subjetivos.[145] Mas, como proceder nessa apreensão?

[144] AVOCAT, C., 1982, p. 342.
[145] *Ibidem*, p. 335.

Objetivamente, na paisagem encontramos coisas que possuem formas, cores e tamanhos. Desde os anos iniciais do Ensino Fundamental, de maneira aproximada ou mais precisa, todo aluno consegue reconhecer esses aspectos. Com a mediação do professor, a descrição pode ser feita a partir de palavras simples, objetivas, claras e em pares contrários. Por exemplo, uma forma vista de frente pode ser reta ou sinuosa; cilíndrica ou plana; grande ou pequena. As cores são muitas e isso influi na percepção de cada pessoa, mas geralmente é possível discernir o branco do preto, o claro do escuro. Os tamanhos também são infinitos, porém para as coisas comuns podemos caracterizá-los em grande ou pequeno, grosso ou fino, largo ou estreito etc.

Alguns estudiosos propõem ainda o uso de outros pares contrários. Por exemplo, para os objetos que possuem uma espacialidade: concentrado (junto, agrupado) ou esparso (separado, isolado); muito ou pouco; próximo (perto) ou distante (longe); contínuo ou descontínuo. Em relação à temporalidade, os objetos podem ser: estáveis ou instáveis; perenes ou momentâneos; constantes ou irregulares etc.[146]

Essa descrição realizada a partir de pares contrários baseia-se na análise comparativa entre duas coisas. Para reconhecer uma rua sinuosa, é preciso conhecer uma reta. Para identificar o branco, é necessário perceber o preto, e isso vale também para os demais aspectos.

Além das relações espaciais citadas anteriormente (como as relações topológicas, projetivas e métricas comentadas no tópico 2.3), no ato de comparar estabelecemos também outras relações entre os objetos. Que relações são essas? Para efeito de raciocínio, podemos estabelecer um paralelo com a cartografia temática, mais precisamente com a

---

[146] AVOCAT *apud* PINCHEMEL, P.; PINCHEMEL, G., 1988, p. 388.

semiologia gráfica[147], porque essa metodologia foi criada a partir da percepção visual. Para que os mapas pudessem ser entendidos pelo maior número de pessoas, fossem elas especialistas em cartografia ou não, Jacques Bertin desenvolveu uma linguagem gráfica que se apoiava na percepção visual e na distinção entre os objetos percebida por qualquer um de nós, crianças ou adultos. Os mapas produzidos com base nos critérios da semiologia gráfica são "mapas para ver", cuja apreensão visual deve ser instantânea. O rápido entendimento da informação contida no mapa é possível porque a percepção visual estabelece relações diretas e simples entre os objetos e entre os fenômenos geográficos.[148]

Dessas relações são extraídas informações sobre a diversidade ou similaridade (≠), a ordem (O) e a proporcionalidade (Q), cuja transcrição gráfica também "deve ser da mesma natureza e livre de ambiguidades"[149]. Dentre as aplicações da semiologia gráfica, o próprio Bertin destaca a pedagógica, afirmando que ela introduz, "em todas as disciplinas, as bases da lógica e os processos essenciais da reflexão e da decisão". De acordo com estudos feitos com crianças, o autor acredita que a produção de gráficos e mapas "suscita uma motivação excepcional", além de levar ao bom uso do computador na escola.[150]

O quadro 3 mostra essas relações e como elas devem ser representadas nas duas dimensões de uma folha de papel. Embora sejam critérios importantes que devem ser considerados em qualquer trabalho cartográfico, para a leitura da paisagem as variáveis visuais e as transcrições gráficas são pouco úteis.[151]

---

[147] Sobre semiologia gráfica ver BERTIN, J., 1988, p. 45-53; e também GIRARDI, G., 2006, p. 61-72.
[148] FONSECA, F. P.; OLIVA, J., 2013, p. 109-111.
[149] MARTINELLI, M., 1991, p. 38-39.
[150] BERTIN, J., 2005, prefácio da 3ª edição.
[151] Sobre as variáveis visuais ver FONSECA, F. P.; OLIVA, J., 2013, p. 111 e p. 122 (figura); e MARTINELLI, M., 1991, p. 9-34.

Nosso principal interesse reside na identificação das relações de diversidade, ordem e proporcionalidade entre os objetos da paisagem. Por exemplo, uma rua e uma praça possuem formas e funções distintas; consequentemente, são objetos diferentes e apresentam uma relação de diversidade. Quanto à ordem, ao considerarmos a mobilidade e a circulação na cidade, uma grande avenida de quatro vias, onde circulam muitos carros, é, em relação ao fluxo, hierarquicamente superior a uma rua de duas vias, onde circulam poucos carros. Por fim, uma cidade de dez mil habitantes é dez vezes menor que uma cidade de cem mil habitantes, revelando-se aqui uma relação de proporcionalidade. Na paisagem real, a cor não apresenta universalidade de percepção, mas sua identificação pode trazer um indício da composição do objeto.

As relações de diversidade, ordem e proporcionalidade entre os objetos podem ser exploradas nas atividades sobre as paisagens em diferentes níveis de complexidade. Algumas sugestões são apresentadas no tópico 3.3 deste capítulo.

Quadro 3. Relação entre objetos e transcrição gráfica

Objetos			Relações	Transcrição gráfica		
Casa	Rua	Praça	≠	■	▲	◆
1º	2º	3º	O			
Grupo com dez indivíduos	Grupo com trinta indivíduos	Grupo com noventa indivíduos	Q	·	●	●

Fonte: Modificado de MARTINELLI, M., 1991, p. 39.

Além da materialidade, também percebemos subjetivamente a paisagem. A percepção é uma atividade sensorial e cognitiva pela qual uma pessoa "constitui a representação interior (imagem mental) do mundo de sua experiência". Três elementos são necessários para o ato perceptivo: estímulos exteriores ao corpo humano, órgãos sensoriais capazes de captá-los e um córtex cerebral apto a interpretá-los. Partindo da experiência vivida, a linha fenomenológica considera a "percepção como um sistema relacional entre o mundo vivido, os sentidos e a consciência". Ao perceber uma paisagem, o ser humano sofre diversas influências provenientes do afeto, das expectativas, dos valores culturais e da posição que caracteriza uma pessoa "no tempo e no espaço de uma sociedade"[152].

Besse afirma que existe na "paisagem uma espacialidade do perto", isto é, um contato e uma participação pessoal com o ambiente exterior. Esse contato é permeado por várias dimensões sensoriais (sonora, táctil, olfativa e visual) que interagem entre si. Assim, estaríamos mergulhados na paisagem. O autor cita Dardel: "antes de vê-las, nós habitamos as paisagens". Ao contrário da leitura objetiva da paisagem, mais "clássica" e que pede certo distanciamento na apreensão, na abordagem subjetiva é a proximidade que importa, pois é nessa proximidade que aparecem "as relações humanas com o mundo e com a natureza". A paisagem é uma experiência vivida no plano da sensibilidade porque os elementos naturais (água, ar, luz, temperatura, odores etc.) e tantos outros aspectos materiais do mundo tocam nossos sentidos e emoções. Experiência e contato com a paisagem são sentidos pelo corpo vivo e é assim que "habitamos o mundo através de nosso próprio corpo"[153].

---

[152] DI MÉO, G., 2003, p. 701.
[153] BESSE, J. M., 2010, p. 267-269.

Pela percepção do espaço captamos os aspectos qualitativos da paisagem.[154] Com ela podemos distinguir no "espaço sensível", por exemplo, os distanciamentos e as perspectivas. E no "espaço representado", com o auxílio de transcrições gráficas como as que se veem no quadro 3, podemos detectar proporções, diferenças ou similaridades e distribuições.[155] Sob essa ótica, a paisagem como experiência vivida nos remete ao "contato familiar com o mundo e com o espaço"[156]. Mas isso não deve ser entendido como uma experiência interior, intimista ou mística. Ao contrário, a experiência da paisagem é, por definição, algo exterior, isto é, uma experiência exterior do sujeito face ao mundo. Essas experiências também são valorizadas nas atividades propostas (tópico 3.3).

Tuan sugere duas leituras: uma pela visão "vertical, objetiva, que tem a paisagem como domínio que viabiliza a vida humana"; outra "lateral, subjetiva, que considera a paisagem como espaço de ação ou de contemplação"[157]. Sendo assim, os olhares objetivo e subjetivo se entrelaçam na apreensão da paisagem, inevitavelmente. Nosso contato com ela pode se realizar de maneira direta, pela observação de uma paisagem real, ou de maneira indireta, vendo uma paisagem desenhada ou fotografada.

3.2. Pintura e fotografia

Antes mesmo de haver uma palavra para designar a paisagem, alguns artistas já pintavam em quadros um conjunto de coisas que hoje chamaríamos de paisagem. Ainda no início do século XV, no livro-"calendário"

---

[154] OLIVEIRA, L., 2009, p. 154.
[155] BRUNET, R. *et al.*, 1993, p. 377-378.
[156] BESSE, J. M., 2010, p. 270.
[157] HOLZER, W., 1999, p. 158.

Les très riches heures du duc de Berry, Pol Limbourg ilustra os textos com pinturas de vegetação, rios, campos cultivados e colheitas sendo feitas por homens e mulheres.[158] Foi a partir dessas representações que a paisagem surgiu. Ela nasceu na pintura, mais precisamente na pintura flamenga. Segundo Roger, para o surgimento da "paisagem ocidental" foi preciso laicizar os elementos naturais, separando-os das cenas religiosas que eram representadas nos quadros. A perspectiva linear permitiu esse distanciamento, pois com ela foi possível destacar do espaço sagrado rios, árvores, rochas, montanhas etc. Também foi necessário organizá-los em uma composição autônoma, para que os elementos naturais não atrapalhassem a harmonia da obra. Um rascunho desse processo de laicização e unificação dos elementos naturais, continua o autor, pode ser visto no quadro *Les très riches heures du duc de Berry*. Rascunho porque nessa vasta obra a perspectiva é "ascendente" e não linear. Em algumas pinturas[159] a representação do que hoje chamaríamos de paisagem se encontra na parte superior do quadro, porém muito perto do primeiro plano, o que a deixa sem perspectiva e sem profundidade. Portanto, a perspectiva linear foi o fator decisivo que distanciou os elementos naturais das cenas sagradas, apresentando-os em um conjunto coerente e harmônico. Ela fez a paisagem aparecer e seu exemplo mais expressivo é a vista do balcão no quadro *A Virgem do Chanceler Rolin* (capítulo 1, figura 1), de Van Eyck.

Do século XVI ao século XVIII, a paisagem valorizada era a do campo vizinho à cidade. Em seguida, pintores e escritores fizeram nascer outro tipo de paisagem, a da montanha descrita como um "país assustador" e coberto de gelo. Mas foram os fotógrafos,

---

[158] DONADIEU, P.; PÉRIGORD, M., 2007, p. 10; BERQUE, A., 1995, p. 346; e ALAIN, R., 2000, p. 35.
[159] Sobretudo nos meses de fevereiro e outubro do "calendário".

na segunda metade do século XIX, que efetivaram a invenção da paisagem montesa.[160] Com o advento da fotografia surgiram também os cartões-postais (capítulo 5), que rapidamente se tornam um símbolo de evasão e de novas descobertas.

A fotografia tornou-se o principal modo de representação das paisagens, proporcionando imagens de alto potencial midiático que passaram a ser difundidas nos meios de comunicação. A divulgação em massa favoreceu uma mudança de valores que levou a paisagem real, até então observada sem se considerar sua beleza, a ser vista como paisagem estética. "A promoção de paisagens reais enquanto valores estéticos é um fenômeno social muito recente do qual a fotografia é uma das suas causas, muito mais poderosa que a pintura."[161] Para artistas e geógrafos, a câmara fotográfica é "o instrumento ideal para materializar o conceito de paisagem", pois para fotografar é preciso se imobilizar, escolher um ponto de vista, enquadrar, apertar o botão e, assim, congelar uma certa visão, transformando a paisagem em imagem.[162]

Hoje, vivemos num mundo submerso em imagens que trazem todo tipo de paisagens: submarinas, aéreas, subterrâneas, planetárias, sonoras, olfativas, virtuais etc. Chega a ser difícil imaginar que no início do século XIX essas imagens e paisagens sequer existissem.[163] Nesse sentido, somos privilegiados e podemos aproveitar a abundância de imagens em sala de aula. Como estratégias de aprendizagem, tanto o desenho como a fotografia são úteis no ensino da geografia e na leitura da paisagem.

Ao contrário da cartografia, o desenho não se prende aos códigos convencionais nem à escala,

---

[160] ROGER, A., 2000, p. 34-36.
[161] LACOSTE, Y., 2003, p. 122.
[162] CUECO, H., 1995, p. 169 e p. 171.
[163] ROGER, A., 2000, p. 37-38.

pois ele deve "servir à construção do percurso criativo", além de se adaptar, facilmente, às atividades interdisciplinares. Em sala de aula, a linguagem do desenho é um recurso interessante na sondagem inicial sobre o conhecimento que os alunos têm de uma dada realidade, pois "as crianças não desenham réplicas estereotipadas, mas procuraram ser fiéis às suas observações da realidade"[164].

De acordo com a faixa etária, o desenho da criança vai evoluindo em função da percepção, progressivamente tornando-se mais detalhado em relação ao espaço no qual vivem e à paisagem local. Ao desenhar, o aluno trabalha com as relações espaciais e também desenvolve outras aprendizagens, como as noções cartográficas de legenda, pontos de referência, orientação, proporção etc.[165]

Ainda em sala de aula, para o estudo da paisagem "o documento fotográfico aparece, *a priori*, como o melhor". As fotografias são ricas em informações, mas não são completamente objetivas, pois sempre existe a subjetividade do fotógrafo expressa na escolha do enquadramento, do ponto de vista[166] e, consequentemente, na escolha dos espaços ocultos. Como recurso didático, a fotografia frontal permite a observação de tudo aquilo que está perto; da "espacialidade do perto", como disse Besse. Quem percorre uma paisagem a pé e sem pressa consegue ver com facilidade o primeiro plano, o segundo e, dependendo do campo de visão, também o terceiro plano (figura 4). Por outro lado, o observador que atravessa uma paisagem de ônibus consegue observar somente os "panoramas longínquos", já que a velocidade atrapalha a observação do primeiro plano.[167]

---

[164] IAVELBERG, R; CASTELLAR, S., 2007, p. 150 e 158-160.
[165] CASTELLAR, S. M. V., 2005, p. 215.
[166] AVOCAT, A., 1982, p. 335.
[167] CLAVAL, P., 2007, p. 192.

Figura 4. Exemplos da visão frontal de um andarilho.

Na figura 4 vemos exemplos da visão frontal de um andarilho. Como um observador atento, ele analisa as paisagens seguindo um raciocínio, cujas etapas estão na chave de leitura (quadro 2).

Assim, em (a) vemos: no primeiro plano, elementos típicos de uma cidade histórica, Ouro Preto (Minas Gerais), como a calçada, o banco e a cruz de pedras; no segundo, no sopé do morro, residências entre a vegetação e algumas plantações (bananeiras e palmeiras); no terceiro, a partir da meia encosta, um loteamento de residências agrupadas (sem jardins), no topo do morro, antenas e algumas árvores alinhadas e, ao lado, campos. Esses elementos mostram certa descontinuidade espacial, tanto da vegetação como do hábitat. Na disposição e distribuição espacial das casas, observam-se formas distintas: no sopé uma ocupação linear e na meia encosta uma ocupação retangular, mais concentrada e com limites precisos. Assim, na paisagem observada na fotografia, leem-se pela organização espacial dois momentos distintos do crescimento da cidade.

Em (b) observamos, no centro da foto, um conhecido monumento (uma fonte) na cidade de Barcelona, na Espanha. Embora o observador esteja de pé, o desnível do relevo favorece a visão panorâmica. Na análise do conjunto, notamos que existem vários monumentos que simbolizam momentos históricos e estilos arquitetônicos diferentes. A mancha urbana se impõe na paisagem e mostra a imponência de uma metrópole. Para além do primeiro e do segundo planos, essa mancha está delimitada por uma área de vegetação no alto do morro (terceiro plano). Ao contrário da mancha urbana, nessa área vemos uma ocupação dispersa e descontínua (equipamentos urbanos e residências).

Outro tipo de paisagem é visto em (c). A praia, em Ubatuba, no litoral de São Paulo, mostra uma paisagem litorânea mais natural que antrópica. Entretanto, alguns elementos apontam certa atividade humana: a presença de um banhista e, no primeiro plano, a canoa que comprova a existência da pesca artesanal naquele local. No segundo plano, o mar e os promontórios recobertos pela Mata Atlântica e, no terceiro, sob as nuvens, vemos as vertentes da serra do Mar.

Por último, em (d) vemos a paisagem montanhosa da maior ilha do arquipélago de Svalbard, no interior do círculo polar Ártico. O primeiro plano revela o mar e um pequeno *iceberg*; em segundo plano, uma montanha de cume pontudo, típico da região; e, em terceiro, ao redor dessa montanha, uma geleira e a cadeia de montanhas. Nessa paisagem não há nenhuma marca visível de intervenção humana, porém, como apontam as pesquisas científicas[168], toda a região ártica vem sofrendo os efeitos do aquecimento global, com a efetiva redução das geleiras e da banquisa.

De modo geral, as imagens (fotografias, mapas, pinturas, imagens de satélite) estão definitivamente presentes no cotidiano dos alunos através das mídias, da internet, do livro didático, da arte na rua etc. Porém ainda é frequente, nas atividades didáticas, que essas imagens sejam usadas somente como ilustração, como uma "tradução do texto verbal sem contribuição própria"[169]. Geralmente as imagens não fazem parte do corpo da análise, o que torna seu uso pouco eficiente. Aplicar uma chave de leitura ao estudo de uma imagem, sobretudo para uma imagem de paisagem, pode anemizar essa defasagem e trazê-las para o centro das atividades. A chave de leitura do quadro 2 conduziu a interpretação das imagens (fotografias frontais e quadros) nas atividades a seguir.

3.3 Da rua ao quadro: propostas de atividades

Neste e também nos próximos capítulos, vamos apresentar sugestões de atividades para o estudo da paisagem. Elaboradas para completar o conteúdo do Ensino Fundamental I, essas atividades apresentam diferentes níveis de abstração e complexidade. Cabe a cada professor fazer os ajustes necessários para adaptá-las ao nível de escolaridade e à realidade de seus alunos.

---

[168] Sobre a redução do gelo marinho no Ártico ver dados, imagens, animações e análises dos cientistas em *National Snow & Ice Data Center*. Disponível em: http://nsidc.org/arcticseaicenews. Acesso em: 6 ago. 2014.
[169] FONSECA, F. P.; OLIVA, J., 2013, p. 28.

Iniciamos com a visão horizontal e a percepção dos alunos em uma situação na qual estejam frente a frente com uma paisagem. Segundo a chave de leitura (quadro 2), a partir da visão frontal podemos analisar a paisagem de maneira fisionômica, perceptiva e sistêmica. Esta última, porém, será desenvolvida principalmente no capítulo 5.

Os conteúdos da geografia escolar e, particularmente, do estudo da paisagem podem auxiliar o professor na criação de uma atmosfera favorável à curiosidade e às descobertas do mundo que está ao redor dos alunos. Porém a mediação do professor é decisiva neste processo de ensino-aprendizagem. Estudar a paisagem local possibilita também o estudo das relações espaciais, com os pontos de referência (frente, atrás), a lateralidade (direita, esquerda), os pontos cardeais (norte, sul, leste, oeste), o alfabeto cartográfico (linha, ponto, área), a espacialidade (longe, perto), a localização (endereço), os pontos de vista (de frente, de cima, de lado), além de outros conteúdos, como os tipos de vegetação, de relevo, de paisagem etc.

Com a observação direta ou indireta de paisagens, em pinturas ou fotografias, os alunos são convidados a: 1. Reconhecer, denominar, descrever elementos paisagísticos e a paisagem em seu conjunto pelas linguagens oral e escrita; 2. Diferenciar, classificar e registrar elementos da paisagem e da paisagem como um todo pelas linguagens gráfica (elaboração de desenhos) e cartográfica (elaboração de mapas); 3. Orientar-se, reconhecer as paisagens e criar itinerários usando como referências a paisagem vivida e a linguagem cartográfica; 4. Comparar diferentes paisagens, seus componentes e suas transformações no espaço (diferenças e semelhanças).

Vimos anteriormente que a visão frontal é a forma como enxergamos no nosso cotidiano (capítulo 2, tópico 2.2). Isso faz dela uma ferramenta útil e pertinente à leitura da paisagem já nos anos iniciais do Ensino Fundamental. Também é do dia a dia que vamos tirar nossa primeira paisagem.

Iniciaremos com a paisagem local, aquela que está ao alcance da vista dos alunos. Por exemplo, a rua da casa ou da escola pode ser uma preciosa fonte de inspiração e um ótimo tema de estudo. A rua é um espaço privilegiado de experiências de sociabilidade, de vivacidade, das circulações, dos deslocamentos em direção a um ponto. Também é o lugar onde passeamos, compramos, olhamos, encontramos ou evitamos outras pessoas, onde existem serviços diversos, onde andamos e também paramos (para ver uma vitrine, para pegar um ônibus etc.). A rua é um espaço mais ou menos familiar, onde a composição dos elementos e seus significados fazem dela algo maior que uma simples forma linear por onde circulam veículos e pessoas. Ela também é um espaço de experiências: "A rua não é somente o lugar por onde eu passo, é também o lugar onde se passa alguma coisa"[170].

Pelo viés da experiência vivida, vamos inicialmente trabalhar a rua em três conteúdos principais: 1. A composição da paisagem; 2. A localização e a situação; 3: A distribuição espacial dos elementos da paisagem. As análises fisionômicas e perceptivas que constroem as três atividades propostas (quadro 4) serão realizadas a partir da observação direta, indireta e da memória dos alunos. Não se procura com isso elaborar um retrato fiel das ruas, mas incentivar a observação e a descrição, mesmo que aproximada, dos elementos e do conjunto, extraindo da percepção dos alunos a apreensão de uma paisagem local e vivida.

---

[170] BESSE, J. M., 2010, p. 279-280.

Quadro 4. A rua

Objetivos	Observar, identificar e denominar os elementos da paisagem vivida.
Conteúdos	Relações espaciais, composição da paisagem.
Categorias	Elementos da paisagem (forma, cor, tamanho) e espaço vivido.
Capacidades envolvidas	Observação direta, identificação, descrição, linguagens oral e escrita.
Problematização	Como é a rua da sua residência? O que você vê quando sai de casa? Que coisas você vê na frente da sua residência?
Desenvolvimento	Dois momentos: 1. Descrição e caracterização da rua; 2. Apresentação. Esta atividade se baseia num jogo de perguntas e respostas. Como qualquer atividade pedagógica, deve estar em adequação com o desenvolvimento cognitivo dos alunos. Para os anos iniciais do Ensino Fundamental I, o professor pode escrever na lousa as características citadas nas respostas. No Ensino Fundamental II, os alunos podem escrever individualmente suas respostas no caderno e, depois, redigir um texto sintético. Para concluir, os alunos podem ler seus textos aos colegas.
Mediação	Para a forma: A rua da sua residência é reta ou sinuosa (cheia de curvas)?
	Para a cor: Qual é a cor da sua rua? Qual é o revestimento do piso: asfalto, pedra (paralelepípedo) ou terra?
	Para o tamanho: Você mora em uma rua, uma avenida, uma alameda ou uma travessa? Ela é larga?

Quadro 4. A rua

Mediação	Para os componentes fisionômicos: 1. Na sua rua existem árvores? Muitas ou poucas? Elas são grandes ou pequenas? Estão isoladas ou em grupos? Certifique-se de que os alunos entendem as noções de agrupamento e espaçamento; se for necessário, dê sinônimos e escreva-os na lousa. Caso julgue necessário, realize um exercício com os próprios alunos na sala de aula separando-os em grupos maiores, menores e isoladamente (um aluno só) e espaçando os grupos entre si. 2. Como são as moradias na sua rua? Casas, prédios, barracos? Elas estão próximas umas das outras ou distantes? 3. Como são as calçadas da rua onde mora? Retas ou sinuosas? Largas ou estreitas? Com buracos ou sem buracos? 4. Na sua rua há jardins? Eles são grandes ou pequenos? Com ou sem árvores? Com ou sem flores? Existem praças? Elas são grandes ou pequenas? O que há nessas praças? Árvores, jardins, bancos, telefones públicos, quadra de esportes, brinquedos?
	Para os componentes perceptivos: 1. Sua rua é movimentada (passam muitos carros) ou tranquila (passam poucos carros)? Ela é silenciosa ou barulhenta? (Uma paisagem também é sonora. Tanto no meio natural como no antrópico existem sonoridades identificáveis no local[170], como o som da chuva, o canto das aves ou o barulho das indústrias, dos carros etc.). 2. Sua rua é limpa ou suja? Possui coleta de lixo? 3. A rua onde você mora tem cheiro? De quê?

---

[171] BESSE, J. M., 2010, p. 266, e AUGOYARD, J. F., 1995, p. 341.

Quadro 4. A rua

Objetivos	Explorar os elementos da paisagem, a partir da percepção e também pela orientação de pontos de referência culturais e paisagísticos próprios.
Conteúdos	Relações espaciais, localização e situação.
Categorias	Elementos da paisagem, práticas sociais, espaço vivido.
Capacidades envolvidas	Observação direta, identificação, orientação, comparação, explicação, linguagens oral, escrita e gráfica (desenho).
Problematização	Qual é o endereço da sua residência? Qual é o endereço da escola? O que é um endereço? Para que serve um endereço?
Desenvolvimento	Três momentos: 1. Apresentação e explicação do endereço; 2. Desenho; 3. Pontos de referência espacial. Inicialmente, o professor deve escrever o endereço completo da escola na lousa e perguntar aos alunos se entendem o que é, e qual a sua função. Instrua os alunos a anotar no caderno as respostas e, em seguida, inicie o jogo de perguntas e respostas. Para concluir, peça aos alunos que desenhem esquematicamente o trajeto casa-escola e localizem seus pontos de referência. Esse desenho não precisa ser exato nem ter uma escala cartográfica, pois o objetivo principal da atividade é a percepção da paisagem. Como hoje as fotografias se difundiram com os telefones celulares e suas impressões tornaram-se menos onerosas, além de desenhar os alunos podem fotografar e expor na sala de aula os pontos de referência, ampliando assim as possibilidades de

Quadro 4. A rua

Desenvolvimento	discussão e análises sobre eles. Outra possibilidade de visualização é usar o Google Maps na localização de um endereço, se houver sala de informática na escola ou acesso à internet em classe. Com essa ferramenta é possível visualizar um mapa e uma imagem de satélite do lugar, fazer os itinerários, localizar os pontos de referência que foram fotografados pelos alunos e analisar os demais elementos da paisagem (atividade no capítulo 4, quadro 8).
Mediação	Para a localização: Para que serve um endereço? Você conhece o endereço da sua residência? No endereço: Por que precisamos de um número, uma rua e uma cidade? Por que cada aluno tem um endereço diferente? Qual a função do Código de Endereçamento Postal (CEP)?
	Para os componentes perceptivos de situação: Você mora longe ou perto da escola? Conhece o caminho da sua residência até a escola? Consegue vir sozinho da sua residência até a escola? Que coisas você vê no caminho da escola? Entre essas coisas, quais chamam mais a sua atenção? (Essas "coisas" são consideradas pontos de referência do sistema de orientação memorizado pelo aluno e precisam ser valorizadas.)
	Para os componentes fisionômicos, questione sobre as coisas que os alunos veem no caminho da escola: O que você vê no caminho da escola são coisas da natureza ou foram construídas pelos seres humanos? Que cores, formas e tamanhos possuem? Servem para quê?

Quadro 4. A rua

Objetivos	Comparar dois lugares do espaço vivido (escola e casa), identificar e classificar os elementos da paisagem.
Conteúdos	Distribuição e organização espacial dos elementos da paisagem e transformação no espaço.
Categorias	Elementos da paisagem (forma, cor, tamanho) e espaço vivido.
Capacidades envolvidas	Observação direta, identificação, orientação, classificação, comparação, explicação, linguagens oral e escrita.
Problematização	As coisas que eu vejo ao redor da escola são as mesmas que eu vejo ao redor da minha residência? Por que são diferentes?
Desenvolvimento	Dois momentos: 1. Descrição e caracterização das paisagens; 2. Comparação e apresentação. Se quiser, pode dividir a classe em grupos reduzidos. Em seguida, apresente aos alunos as tarefas que devem realizar. Primeiro, é preciso caracterizar a paisagem ao redor da escola. Para isso, os grupos devem identificar e listar os principais elementos da paisagem. Em seguida, a paisagem ao redor da residência de cada membro do grupo deve ser descrita, usando critérios semelhantes aos usados na caracterização da paisagem precedente. Mostre aos alunos como organizar esses dados descritivos em quadros ou tabelas e favoreça o uso de palavras simples e precisas. Se for necessário, faça um glossário na lousa. Por exemplo, as residências podem ser classificadas segundo o tipo: casa, apartamento, barraco; as vias, segundo o tamanho: avenida, rua, travessa, beco; a vegetação, em: árvore (para árvore grande), arbusto (para árvore pequena), jardim (para gramados e

Quadro 4. A rua

Desenvolvimento	arbustos); a rede hidrográfica, em rio e riacho (para um rio pequeno) etc. Depois, os grupos devem comparar a paisagem do entorno da escola com aquelas do entorno das residências e destacar, para cada situação, os elementos paisagísticos diferentes e semelhantes. Para concluir, cada grupo apresentará oralmente seus resultados.
Mediação	Para componentes fisionômicos: Quais são as coisas que existem ao redor da escola? Esses objetos são da natureza ou foram construídos pelos seres humanos? Quais são os objetos da natureza? Quais são os objetos antrópicos (construídos pelos seres humanos)? Que tipo de objeto aparece com mais frequência?
	Para componentes perceptivos: Os objetos que existem ao redor da sua residência são iguais ou diferentes dos que existem ao redor da escola? Por que os objetos ao redor da escola são diferentes ou iguais aos que existem ao redor da sua residência? Os objetos diferentes são naturais ou antrópicos? Os objetos iguais são naturais ou antrópicos? As paisagens ao redor da escola e da sua residência são iguais ou diferentes? Por quê?

A visão frontal da paisagem também pode ser explorada pela observação indireta em fotografias e pinturas. As imagens chamam a atenção dos alunos e são interessantes fontes de informação, mas não dispensam a mediação e a contextualização do professor. Nas atividades pedagógicas sobre a paisagem, o professor precisa saber quais objetivos pretende atingir e conduzir, progressivamente, as etapas da aprendizagem, explicando claramente aos alunos quais são elas.

Mesmo sem oferecer a tão almejada visão de conjunto, nas fotografias frontais podemos trabalhar aspectos dos processos de humanização e espacialização que afetam as paisagens. Pinchemel e Pinchemel afirmam que a humanização corresponde às relações verticais das sociedades com o meio natural, pois "as intervenções humanas têm como efeito incorporar o meio natural ao espaço humano, de maneira que esse espaço possa ser desenvolvido e organizado". A espacialização, ao contrário, corresponde às relações laterais definidas pelas distâncias e espaçamentos.[172] Dessa maneira, as paisagens são afetadas por diferentes graus de humanização e espacialização, ou seja, por diversos graus de intervenção humana. Costumamos chamar de paisagem natural aquela que ainda não apresenta marcas visíveis desses processos. No oposto, a paisagem humanizada, ou antrópica, é aquela que foi, ou está sendo, modificada pela intervenção do homem.

A seguir, propomos três atividades baseadas em duas fotografias (figura 5) para a identificação, descrição e análise comparativa dos aspectos da paisagem natural, da paisagem humanizada e da paisagem local (quadro 5).

---

[172] PINCHEMEL, P.; PINCHEMEL, G., 1988, p. 354.

(a) Paisagem natural. Planalto de Tüyshruüleh, Mongólia, 2014.

(b) Paisagem humanizada, São Paulo, Brasil. Edifícios na Marginal Pinheiros, São Paulo, 2014.

Figura 5. Fotografias frontais de paisagem natural e humanizada.

Quadro 5. Paisagem natural e humanizada

Atividade 1	
Objetivos	Identificar os elementos das paisagens e construir um álbum com elementos da paisagem natural e da paisagem construída pelos homens.
Conteúdos	Noções espaciais, composição da paisagem, localização dos elementos e comparação entre duas paisagens.
Categorias	Elementos da paisagem (forma, cor, tamanho) e espaço vivido.
Capacidades envolvidas	Observação indireta, identificação, descrição, comparação, linguagens oral e escrita.
Problematização	O que você está vendo nas fotografias?
Desenvolvimento	Três momentos: 1. Observação e identificação dos elementos da paisagem; 2. Nomeação e descrição; 3. Construção de um álbum de paisagens. Escreva na lousa a palavra PAISAGEM e mostre para os alunos duas fotografias de paisagens diferentes, uma natural e uma humanizada. Dê preferência a fotografias frontais, que se assemelham à visão humana. Conforme o tipo de paisagem selecionada, separe também outras fotografias de paisagens ou de elementos paisagísticos, como casas, prédios, automóveis, montanhas, rios, florestas, cachoeiras etc. Essas imagens podem ser coletadas em jornais, revistas, prospectos de agências de turismo etc.[173] Com elas, você poderá montar um banco de imagens que ficará à disposição dos alunos para as atividades. Para cada fotografia, os alunos deverão identificar três elementos, nomeá-los e descrevê-los oralmente.

[173] Os suplementos de turismo dos jornais são fartos em fotografias de paisagens.

Quadro 5. Paisagem natural e humanizada

Desenvolvimento	Depois, irão procurar no banco de imagens figuras que representam a paisagem natural e a paisagem antrópica, deverão nomeá-las e construir um álbum para cada tipo de paisagem.
Mediação	Para componentes fisionômicos: O que está representado em cada fotografia? Que coisa aparece primeiro? Que cor tem? O que existe do lado dela? E na frente? É uma coisa da natureza ou algo construído pelo ser humano?
	Para componentes perceptivos: Perto da escola existem coisas iguais às da fotografia? Quais são elas? Que cores elas têm? Onde estão (ao lado, à esquerda ou à direita, na frente ou atrás)?
Atividade 2	
Objetivos	Comparar duas paisagens distintas, identificar os elementos que as diferenciam e classificá-las em naturais e humanizadas.
Conteúdos	Composição da paisagem e comparação entre duas paisagens.
Categorias	Elementos da paisagem (forma, cor, tamanho).
Capacidades envolvidas	Observação indireta, identificação, descrição, comparação, classificação, linguagens oral, escrita e cartográfica.
Problematização	Quais são os principais elementos de cada paisagem? São naturais ou construídos pelos homens?
Desenvolvimento	Três momentos: 1. Nomear e descrever os elementos das paisagens; 2. Construir uma legenda; 3. Classificar. Selecione duas fotografias frontais: (a) paisagem natural, sem nenhum traço da ação humana e (b) paisagem humanizada. Sem dizer se a paisagem é natural ou humanizada, mostre uma fotografia por

Quadro 5. Paisagem natural e humanizada

Desenvolvimento	vez aos alunos e pergunte quais são os principais elementos presentes nas paisagens. Na lousa, faça uma lista dos elementos paisagísticos citados. Não os escreva em ordem (essa será uma tarefa dos alunos), e dê preferência as palavras simples e livres de ambiguidades como palavras-chave. Em seguida, construa uma legenda simples; por exemplo, um círculo verde para elementos naturais e um vermelho para os construídos pelos seres humanos. Observando as fotografias, os alunos devem classificar as palavras-chave segundo a legenda. Para finalizar, devem organizá-las em dois quadros: um para cada paisagem e respectiva fotografia. Segundo o nível de escolaridade dos alunos, adapte as fotografias e as tarefas.
Mediação	Para componentes fisionômicos: Quais são os elementos da paisagem (a)? Que forma têm? Qual é a cor deles? São grandes ou pequenos? Quais são os elementos da paisagem (b)? Que forma têm? Qual é a cor deles? São grandes ou pequenos?
	Para componentes perceptivos: Quais são os elementos da natureza? Quais são os elementos construídos pelos seres humanos?
Atividade 3	
Objetivos	Comparar duas paisagens, identificar os principais elementos que as caracterizam, reconhecer as diferenças e as semelhanças.
Conteúdos	Noções espaciais, composição e distribuição dos elementos da paisagem.
Categorias	Elementos da paisagem (forma, cor, tamanho).
Capacidades envolvidas	Observação indireta, identificação, descrição, classificação, comparação, explicação, linguagens oral e escrita.

Quadro 5. Paisagem natural e humanizada

Problematização	As paisagens são iguais ou diferentes? Por quê?
Desenvolvimento	Três momentos: 1. Identificação da paisagem; 2. Classificação; 3. Descrição e redação. Exponha duas fotografias frontais aos alunos. Uma deve representar uma paisagem natural, como em (a), e a outra uma paisagem humanizada, como em (b). Nelas os alunos devem identificar e descrever os aspectos dos principais elementos paisagísticos. Insista nos aspectos fisionômicos para introduzir, em seguida, o raciocínio sobre a natureza desses elementos, isto é, se são naturais ou antrópicos. Pergunte como eles chegaram às suas conclusões. Para finalizar, cada aluno deve escolher uma paisagem e escrever um texto sobre o que foi discutido. Se for necessário, coloque na lousa o que o texto deve conter: descrição dos elementos da paisagem escolhida, identificação do tipo de paisagem (natural ou humanizada) e como chegaram a essa conclusão.
Mediação	Para os componentes fisionômicos: O que vemos na paisagem (a)? E na paisagem (b)? Há elementos iguais nas duas paisagens? Quais são? Nas duas paisagens existem elementos diferentes? Quais são? Que elementos predominam em (a)? Que elementos predominam em (b)? Quais cores e formas têm? Por que os elementos são diferentes?
	Para componentes perceptivos: Os elementos que predominam em (a) são elementos da natureza ou construídos pelos seres humanos? Como percebeu isso? Repita as mesmas questões para a fotografia (b). Qual é a paisagem da fotografia (a)? E da fotografia (b)?

A última sugestão de atividade para a visão frontal baseia-se na observação indireta de um quadro (figura 6). Selecionamos um quadro de arte *naïf* porque nele vemos cenas do cotidiano pintadas sem os requintes técnicos usados em outras representações artísticas. Não há, por exemplo, o uso da perspectiva. O termo *naïf* ("ingênuo", em francês) retrata uma obra de arte intuitiva, que usa elementos decorativos simples e cores vibrantes. O professor pode, entretanto, escolher obras de outras modalidades artísticas, privilegiar artistas regionais ou, ainda, desenvolver um trabalho interdisciplinar.

Na atividade (quadro 6), selecionamos a praça como uma paisagem do cotidiano. Geralmente a praça é o coração da cidade, pois é onde foi fundada. É um espaço público por excelência, que se caracteriza pela acessibilidade e também pela visibilidade proporcionada em ambiente aberto. Na praça a gente espera, encontra, brinca, conversa, protesta, anda. Na praça da cidade ocorrem cerimônias oficiais e festas populares; é um lugar tradicionalmente carregado de signos, que poderia ser visto como um espelho da cidade. A praça é considerada um espaço de interações[174] e pertence à nossa experiência vivida.

As atividades sugeridas nos quadros 4, 5 e 6 foram criadas a partir da visão frontal de uma paisagem local ou de imagens de paisagens (fotografias e pinturas). Nelas conseguimos visualizar os elementos que compõem a paisagem, seus aspectos, frequência, localização e situação. Porém, estar frente a frente com uma paisagem proporciona somente uma visão parcial da distribuição e da organização espacial desses elementos. A totalidade só pode ser apreendida na visão de conjunto, típica dos panoramas e da visão vertical.

---

[174] BESSE, J. M., 2010, p. 282-284.

paisagem 97

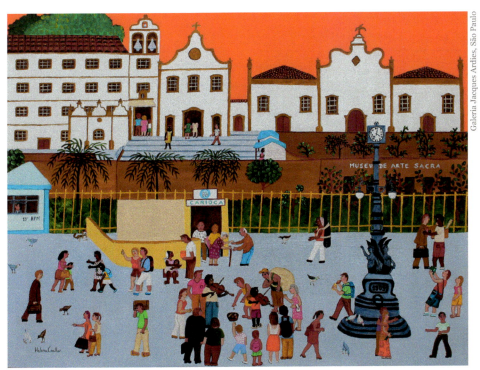

Figura 6. Convento de Santo Antônio e Largo da Carioca, Rio de Janeiro, de Helena Coelho (2003). Óleo sobre tela. 60 x 80 cm.

Quadro 6. A praça

Objetivos	Identificar os componentes de uma paisagem representada numa obra de arte (os alunos devem reconhecer a distribuição espacial desses elementos no seu conjunto).
Conteúdos	Noções espaciais (relações topológicas, projetivas e métricas); identificar e descrever os componentes de uma paisagem.
Categorias	Elementos da paisagem (forma, cor, tamanho), prática social e espaço vivido.
Capacidades envolvidas	Identificação, descrição, localização e situação dos componentes de uma paisagem; organização e distribuição espacial.

Quadro 6. A praça

Problematização	Quais são os objetos existentes na praça? Como estão organizados no espaço?
Desenvolvimento	Três momentos: 1. Sondagem inicial; 2. Descrição; 3. Localização e situação dos elementos da paisagem. Apresente a obra de arte aos alunos e, na sondagem inicial, pergunte se gostam da obra e o que ela representa. Em seguida, peça à turma que descreva a paisagem. A descrição deve ser feita por tipos de componentes paisagísticos. Para finalizar, os alunos devem descrever a localização e a situação de alguns componentes da paisagem em relação a um referencial fixo, como a própria praça, por exemplo.
Mediação	Para componentes fisionômicos: Quais são os tipos de vegetação (coqueiros e outras árvores) representados no quadro? Quais são os animais (aves)? Quais são os equipamentos urbanos (postes de iluminação, calçadas, jardins, bancos)? Quais são os tipos de construção (prédios, igrejas)?
	Para localização e situação segundo um referencial: Onde estão as árvores? Perto de que tipo de coisa (na frente e ao lado dos prédios, na praça)? Onde estão as aves? Em relação à praça, onde estão as árvores e os prédios?
	Para componentes perceptivos: O que as pessoas estão fazendo na praça? É importante ter uma praça perto de casa? Por quê?

Para pesquisar na internet

Paisagem e pintura: O livro de horas *Les très riches heures du duc de Berry* (disponível na Wikipedia, em francês) apresenta textos com orações e ilustrações para os meses do ano e os trabalhos no campo, como a semeadura e a colheita. Disponível em: http://fr.wikipedia.org/wiki/Les_Tr%C3%A8s_Riches_Heures_du_duc_de_Berry. Acesso em: 6 out. 2014.

Museu Internacional de Arte Naïf do Brasil (MIAN), Rio de Janeiro (em português). Disponível em: www.museunaif.com. Acesso em: 6 out. 2014.

Paisagem e jogos interativos: NGAkids (em inglês) é um jogo *on-line* onde é possível criar paisagens imaginárias da selva com diferentes condições climáticas, luminosidade e tipos de vegetação e animais. Disponível em: www.nga.gov/content/ngaweb/education/kids/kids-jungle.html. Acesso em: 6 out. 2014.

Vídeo: *As transformações da paisagem rural* é um vídeo que apresenta um trabalho de campo guiado pela Prof. Dra. Sueli Ângelo Furlan (Geografia, USP), na área rural da cidade de São Paulo (Bororé-Colônia), às margens da represa Billings. Disponível em: www.youtube.com/watch?v=DKJKw3fdPPQ. Acesso em: 6 out. 2014.

Fotografia: *Talhão de algodão no Mato Grosso*, de Hervé Théry, revista *Confins*, n. 7, ano 2009. A fotografia de uma parcela de algodão em relevo plano representa o perfeito significado da visão horizontal, isto é, aquela que se vê no horizonte. Os poucos elementos paisagísticos (céu, solo, estrada e algodoeiros) passam a ideia de uma paisagem homogênea. Disponível em: http://confins.revues.org/6213. Acesso em: 6 out. 2014.

Casarões de Dinard, de Hervé Théry, revista *Confins*, n. 7, ano 2009. Nesta foto, o campo de visão permitiu registrar dois planos bem distintos da paisagem. No primeiro, vemos o mar; no segundo, o promontório rochoso onde estão os casarões. A posição do fotógrafo, que está no mar dentro de um barco, em altitude inferior à dos casarões, permitiu o registro desta visão panorâmica que une as visões horizontal e oblíqua na mesma fotografia. Disponível em: http://confins.revues.org/6211. Acesso em: 6 out. 2014.

Véspera de colheita das uvas em Riceys, França, de Hervé Théry, revista *Confins*, n. 7, ano 2009. Fotografia de um vinhedo na visão horizontal, difere das precedentes por apresentar três planos distintos. O primeiro, com os limites do vinhedo e as caixas vermelhas instaladas para receber a colheita; em segundo plano, o vinhedo num ponto mais alto do terreno; e, por último, o terceiro plano, com a floresta. Disponível em: http://confins.revues.org/6212. Acesso em: 6 out. 2014.

Periferia de Santarém, de Rubén Valbuena, revista *Confins*, n. 3, ano 2008. A visão horizontal desta foto mostra uma paisagem singular das cidades ribeirinhas da Amazônia, com casas e pontes sobre palafitas para que a população possa enfrentar os períodos de cheia dos rios. Disponível em: http://confins.revues.org/963. Acesso em: 6 out. 2014.

Capítulo 4

A paisagem vista de cima

A paisagem se desvenda com a distância e a altitude, e as visões oblíqua e vertical favorecem essa descoberta. "A paisagem toma escalas diferentes e assoma diversamente aos nossos olhos, conforme onde estejamos, ampliando-se quanto mais se sobe em altura, porque desse modo desaparecem ou se atenuam os obstáculos à visão e o horizonte vislumbrado não se rompe."[175] Os autores são unânimes ao afirmar que é sobretudo com o panorama que a paisagem se desvenda ao olhar.

Desde a experiência de Petrarca, é por meio da visão ampla e longínqua que as paisagens se tornam "grandiosas". Como explicou Lacoste, a vantagem da visão oblíqua é a visualização do "deslizamento escalar"[176] (tópico 2.2). Por sua vez, a visão vertical favorece extraordinariamente a visão de conjunto. Segundo Troll, a expressão "paisagem aérea" teria sido criada pelos russos durante as campanhas de levantamento topográfico das paisagens. Ela define um "complexo de fenômenos da superfície terrestre que se pode reconhecer do ar como característico de um determinado território físico-geográfico"[177]. Segundo essa definição, na paisagem aérea vemos, principalmente, sua fisionomia, ou seja, o aspecto formal. Por causa da distância, nela se perde aquilo que Besse definiu como a "espacialidade do perto"[178].

A distância que separa os sensores da paisagem vai definir o nível de aquisição de dados. Esses sensores podem ser os olhos, a câmara fotográfica ou os

---

[175] SANTOS, M., 1997b, p. 61-62.
[176] LACOSTE, Y., 2003, p. 127.
[177] TROLL, C., 1997, p. 2.
[178] BESSE, J. M., 2010, p. 267.

complexos sistemas embarcados nos satélites. Nos estudos geográficos existem três níveis de aquisição de dados: campo, aeronave e orbital.[179] O primeiro permite a visão frontal e a observação detalhada da paisagem (capítulo 3). Um cientista explorando a pé seu terreno de estudo tem o mesmo campo de visão de um andarilho; ambos se encontram na altura do chão. Nesse nível, a área observada é sempre reduzida porque está submetida às limitações dos deslocamentos terrestres. No nível da aeronave, o sensor está embarcado num avião, helicóptero, ultraleve ou, ainda, num drone. A altura do voo define o campo de visão e é também um dos critérios que determina a escala da fotografia aérea.[180] Nesse caso, a altitude pode variar de 100 metros (para um drone) até 5 mil metros (para um avião). Por último, em nível orbital, os satélites artificiais encontram-se em órbita ao redor da Terra e produzem inúmeras e espetaculares imagens do globo terrestre. A altitude dos satélites pode variar entre 700 e 35 mil quilômetros, para os satélites de recursos terrestres e meteorológicos, respectivamente.

A influência da distância na definição do campo de visão pode ser observada nas figuras a seguir. Nelas, vemos um exemplo do "deslizamento escalar" nas visões vertical e oblíqua.

---

[179] NOVO, E. M. L. M., 1995, p. 95.
[180] Sobre esse assunto, ver QUEIROZ FILHO, 2005.

O deslizamento escalar nas visões vertical e oblíqua

Figura 7(a). Imagem do estado do Rio de Janeiro, altitude fixada em cerca de 250 quilômetros. O retângulo em destaque indica o recorte espacial da imagem (b). Google Earth. Acesso em: 12 ago. 2014.

Figura 7(b). Imagem da cidade do Rio de Janeiro, altitude fixada em 10 quilômetros. O retângulo em destaque mostra o recorte espacial da imagem (c). O círculo e as linhas tracejadas mostram o ponto de vista da fotografia (d), do alto do morro do Corcovado. Google Earth. Acesso em: 12 ago. 2014.

paisagem **105**

Figura 7(c). Imagem da lagoa Rodrigo de Freitas, na cidade do Rio de Janeiro. A altitude, fixada em cerca de 3 quilômetros, reduz a área e aumenta os detalhes observados. Google Earth. Acesso em: 12 ago. 2014.

Figura 7(d). Fotografia oblíqua da lagoa Rodrigo de Freitas tirada do alto do morro do Corcovado, a 710 metros.

Nas imagens selecionadas, os retângulos em destaque indicam a redução sucessiva do campo de visão. Para obtermos a imagem 7(a) no Google Earth[181] fixamos a altitude em cerca de 250 quilômetros. Assim, temos um amplo campo de visão, mas reconhecemos somente os grandes elementos da paisagem, como o litoral, os lagos, a serra, a mancha urbana. Com o auxílio de um mapa, reconhecemos o estado do Rio de Janeiro e seu litoral, da ilha Grande (a oeste) a Macaé (a leste). No centro da imagem, ao redor da baía de Guanabara, observa-se uma extensa mancha urbana: Rio de Janeiro, a oeste da baía, e Niterói, a leste. Ainda no litoral, a leste encontra-se visível a região dos lagos entre Saquarema e Cabo Frio. No interior das terras, no centro da imagem, notamos, em tons escuros, as vertentes da região serrana.

Em 7(b), a altitude foi fixada em 10 quilômetros, o que reduziu o campo de visão. Nessa imagem, mais detalhada, é possível identificar outras estruturas e a distribuição e localização de muitos elementos da paisagem. Nela identificamos uma área de relevo montanhoso recoberto pela floresta; junto a ela, se espalha a mancha urbana, entremeada por promontórios rochosos. No centro da imagem é possível reconhecer a lagoa Rodrigo de Freitas, as praias de Copacabana (à direita) e Ipanema. Devido à sua forma, a pista do Jockey Club é outro elemento facilmente reconhecível, por isso será usada como referência nas outras imagens. Também em 7(b) destacamos com o círculo e as linhas tracejadas o campo de visão da fotografia 7(d).

Em 7(c) vemos novamente a lagoa Rodrigo de Freitas, as pistas do Jockey Club e também a ilha Caiçaras. Nesse caso, o nível de detalhamento é ainda maior do que na imagem precedente, porque a altura fixada é de 3 quilômetros, o que reduz ainda mais a área observada.

---

[181] Para efetuar esse "deslizamento escalar", o Google Earth utiliza várias imagens de satélites diferentes, com resoluções espaciais diversificadas.

É possível, então, reconhecer os prédios, os equipamentos urbanos, a vegetação e o relevo que gera uma área assombreada na imagem. Nesse exemplo, o nível de detalhe chega à escala do quarteirão.

Por fim, em 7(d) temos a visão oblíqua de um observador localizado no morro do Corcovado, a 710 metros de altitude. O panorama se abre mostrando, no primeiro plano, uma mancha de vegetação e os prédios à margem da lagoa. No segundo plano, a ponta dos promontórios, a lagoa e suas margens urbanizadas, onde se reconhecem, novamente, as pistas do Jockey Club e a praia de Ipanema. Por último, no terceiro plano, as ilhas e o mar.

Como demonstrado nesse exemplo, as visões vertical e oblíqua são interessantes para os estudos geográficos e paisagísticos. Iremos explorar essas visões na leitura da paisagem; apesar da abordagem um pouco mais técnica, proporemos sua inclusão no conteúdo escolar do Ensino Fundamental I. Mas, para que essa inclusão seja efetiva e favoreça o conhecimento das paisagens, vamos iniciar o professor em algumas questões técnicas que nos parecem pertinentes, como a aquisição das imagens e sua interpretação.

4.1 Pixelizando a paisagem

O mapa mostra coisas que não podemos ver, escreveu outrora Ptolomeu.[182] De fato, com os pés fincados no chão, só conseguimos enxergar a extensão de uma mancha urbana, o contorno do litoral ou a sinuosidade dos meandros pelos mapas ou pelas imagens orbitais. Se voássemos como as aves migratórias, poderíamos ver do alto as paisagens. Além das estrelas e do campo magnético, algumas espécies de aves utilizam trechos

---

[182] VERDIER, N., 2010, p. 12.

dos litorais, vales e florestas, isto é, dos elementos da paisagem, como referenciais no seu sistema de orientação. Dentro de um avião, um helicóptero, um ultraleve ou até mesmo um balão, conseguimos viver a experiência do voo e ver com nossos próprios olhos tudo aquilo que os mapas já mostravam. O desenvolvimento tecnológico favoreceu esse tipo de visão obtida a partir de fotografias aéreas, de imagens de satélite (como vimos na figura 7) e, mais recentemente, de imagens feitas pelos veículos aéreos não tripulados: os drones.

Para tornar tudo ainda mais interessante em termos pedagógicos, tais imagens são facilmente visualizáveis, via internet, na tela do computador ou tablet. No ambiente do Google Earth, por exemplo, com alguns comandos "voamos" do Brasil para Svalbard, e depois à Mongólia, sem sairmos de casa. Essa ferramenta "revolucionou a maneira de observar as paisagens, além de familiarizar o usuário às imagens de satélite"[183] e, consequentemente, à visão vertical. Também, com a entrada em circulação das imagens de alta resolução, as formas ficaram ainda mais nítidas, tornando a paisagem vista de cima muito semelhante àquelas que fazem parte do nosso cotidiano. Cazetta já havia ressaltado esse aspecto, afirmando que as fotografias aéreas verticais guardam "forte verossimilhança com o território percorrido diariamente", por isso podem "aguçar as experiências espaciais e visuais cotidianas das crianças acerca do lugar onde vivem"[184].

Ressaltamos, anteriormente, a subjetividade que existe atrás de qualquer fotografia (tópico 3.2), pois as escolhas do enquadramento e do campo de visão desvendam determinados objetos e escondem outros. Nessa escolha, também aparecem os espaços visíveis e desaparecem os não visíveis, formando o que Lacoste denominou de espaços ocultos. A tridimensionalidade

---

[183] PANIZZA, A. C.; FONSECA, F. P., 2010, p. 35.
[184] CAZETTA, V., 2007.

dos objetos dispostos no terreno e iluminados, ou não, pela luz do sol, gera um jogo de luzes e sombras. Observamos esse espetáculo de qualquer mirante e com nossa própria experiência sabemos que, na visão oblíqua, vemos somente uma face da paisagem. Também já percebemos que a mesma paisagem se apresenta aos nossos olhos de maneira distinta se vista num mapa, numa fotografia ou numa imagem orbital. Se acreditamos que na imagem vertical (que engloba fotografias aéreas e imagens orbitais) o que vemos é um retrato fiel da paisagem, é porque essa representação se aproxima da visão do cotidiano e nos proporciona um "sentimento de familiarização". A suposta objetividade visual das imagens verticais também é fruto de escolhas[185], mas, por envolverem aspectos altamente técnicos, elas não estão ao alcance do simples observador.

Os aspectos técnicos que envolvem a aquisição das imagens verticais são muitos e todos vão influenciar na sua visualização. Aqui vamos abordar somente alguns deles; para os demais sugerimos a literatura especializada.[186] Para que um sensor capte e registre os dados de um determinado terreno, é preciso que haja uma fonte de energia. Alguns sensores possuem sua própria fonte de emissão de energia, como o *flash* de uma câmara fotográfica ou o sinal produzido por um radar. Esses são os sensores ativos. Outros, porém, não possuem fonte de energia e são chamados de sensores passivos, como os olhos e muitos sensores remotos. Para esses sistemas, a luz do sol é a principal fonte de energia.

Pela nossa experiência, sabemos que as superfícies interagem diferentemente à exposição da radiação solar. Por exemplo, uma superfície recoberta por asfalto, sob o sol, esquenta muito mais do que uma recoberta por grama. Isso acontece porque, de acordo

---

[185] CAZETTA, V., 2009, p. 82.
[186] NOVO, E. M. L. M., 1995; STEFFEN, C. A., s.d.; FLORENZANO, T. G., 2002; LUCHIARI, A. *et al.*, 2005.

com a composição bio-físico-química das superfícies, a radiação solar incidente pode ser refletida, absorvida ou transmitida (no caso de objetos transparentes). No asfalto, a maior parte da energia incidente é absorvida, enquanto na grama ela é refletida.

Também só conseguimos enxergar as cores das coisas graças à interação existente entre a radiação solar e o alvo. Para atingir um alvo, ou qualquer objeto ou feição natural existentes na superfície terrestre, a luz solar se propaga pela atmosfera em velocidade constante e por movimentos ondulatórios. A luz, que pode ser decomposta no espectro eletromagnético, possui comprimentos de onda e frequências variados. Por isso se diz ondas curtas para os raios gama e ondas longas para as de rádio. O olho humano consegue enxergar os comprimentos de onda entre 0,38 e 0,75 µm (micrômetro); tal espectro abrange todas as cores do arco-íris. Por exemplo, as folhas de uma árvore refletem da luz incidente os comprimentos de onda do verde e do infravermelho. Nossos olhos, porém, só estão capacitados a enxergar o comprimento de onda do verde. Por sua vez, os sensores remotos podem ser projetados para captar, além do visível, vários outros comprimentos de onda, o que vai depender da tecnologia, dos projetos espaciais, de seus objetivos e dos usos pretendidos para as imagens produzidas. Esses sensores possuem diferentes resoluções espectrais, isto é, são aptos a registrar a energia refletida em canais precisos do espectro eletromagnético, como os canais do visível, do infravermelho ou do infravermelho termal. Devido às diferentes resoluções espectrais dos sensores e do processamento digital das imagens orbitais, nelas conseguimos visualizar fenômenos que os olhos não poderiam ver. Assim, a representação das paisagens dada pelas imagens de satélite está ligada, principalmente, aos parâmetros físicos, químicos e biológicos da interação energia-alvo. Nesse caso, existe uma objetividade que é técnica, e isso afasta as questões relativas ao olhar, objetivo ou subjetivo, evocadas anteriormente.

Se a quantidade de energia refletida pelos elementos da paisagem varia ao longo do espectro eletromagnético, essas variações podem ser registradas nas imagens. De fato, todo pixel possui um valor radiométrico, isto é, um valor dado pela energia refletida pelo alvo que chega até o sensor e é registrada. Esse valor é representado nas imagens por 256 níveis de cinza, que variam nas tonalidades do branco (0) ao preto (255). As tonalidades claras representam os alvos que refletem a energia incidente, como as areias claras de uma praia, enquanto as tonalidades escuras representam alvos que absorvem a energia incidente, como as superfícies hídricas, por exemplo. Para que uma imagem de satélite tenha cores, é preciso gerar uma composição colorida. Para isso, é necessário associar três imagens, uma de cada cor (vermelho, verde e azul). Além da cor, o interesse em associar três imagens diferentes está no fato de que cada uma representa melhor um tipo de elemento da paisagem, seja ele vegetal, mineral ou hídrico, pois diferentes materiais possuem diferentes assinaturas espectrais. São várias as combinações possíveis e, dependendo do que se quer visualizar nas imagens, algumas composições coloridas são mais apropriadas que outras.

O pixel representa a menor superfície do terreno que o sensor é capaz de registrar, e seu tamanho define a resolução espacial da imagem. Os procedimentos técnicos de registro de uma imagem orbital são muito complexos, mas, pragmaticamente, uma imagem de satélite pode ser considerada uma matriz, isto é, uma grade com linhas e colunas. Cada célula dessa grade representa um pixel. Não falamos em escala porque, nesse caso, não se trata da proporção entre o objeto no terreno e sua representação na imagem, mas, sim, da capacidade do sensor em distinguir objetos da superfície terrestre. Numa imagem de alta resolução espacial, o sensor tem a capacidade de captar objetos menores do que 1 metro, como ocorre nos satélites GeoEye e QuickBird.

Postos os parâmetros técnicos da aquisição das imagens orbitais que influenciam na visualização das paisagens, veremos, a seguir, os critérios para o reconhecimento de formas e estruturas na visão vertical.

4.2. Do alto, como ver as formas?

Do alto detectamos com mais facilidade a configuração espacial da paisagem. Para Lévy, a configuração representa o arranjo espacial elementar, ou seja, "a realidade mais elementar que se pode qualificar de espaço". Uma configuração espacial, completa o autor, está associada a uma situação e, por isso, a escala e a distância são aspectos essenciais e imbricados nessa categoria.[187] A escala determina o nível de detalhamento, sendo sempre válidas as seguintes relações: pequenas escalas abrangem uma grande superfície e mostram poucos detalhes; grandes escalas recobrem uma pequena superfície e mostram muitos detalhes. A distância que separa o observador da paisagem também vai determinar aquilo que se vê ou não, como foi mostrado na figura 7.

É pela configuração espacial que desvendamos as estruturas, isto é, o modo como os objetos da paisagem estão dispostos e sua distribuição no espaço. Para Santos, a estrutura "implica a inter-relação de todas as partes de um todo; o modo de organização ou de construção"[188]. Mas como detectar essas categorias analíticas nas imagens verticais? Geralmente, nos manuais sobre interpretação visual de imagens encontramos os seguintes critérios: forma, tamanho, loca-

---

[187] LÉVY, J., 2003, p. 155.
[188] SANTOS, M., 1997a, p. 50.

lização, tonalidade, textura e estrutura (padrão). No capítulo 2, os três primeiros critérios foram apresentados; no tópico 4.1, abordamos a tonalidade; agora, restam por serem explicadas a textura e a estrutura.

A textura é o aspecto superficial da menor zona homogênea em uma determinada imagem, em que nenhuma mudança de feição é percebida. Detectar ou não uma textura é função da escala, pois o tamanho interfere na sua determinação (figura 8). Numa imagem, a textura representa um conjunto de pontos de tonalidades, formas e tamanhos diferentes que revelam o aspecto da superfície. Esse aspecto também pode ser descrito por critérios simples, em pares contrários, como por exemplo a textura lisa de uma superfície hídrica ou asfáltica (uma estrada, por exemplo), comparada à textura rugosa de uma cobertura vegetal (figura 10). Uma textura também pode ser descrita por critérios mais complexos como a densidade e a orientação.[189]

    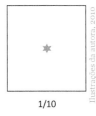

1/1   1/75   1/50   1/25   1/10

Figura 8. Feição textural vista em diferentes escalas.
Fonte: PANIZZA, A. C.; FONSECA, F. P., 2011, p. 38. Disponível em: http://citrus.uspnet.usp.br/geousp/ojs-2.2.4/index.php/geousp/article/view/448/260. Acesso em: 10 jun. 2014.

No que diz respeito à estrutura, ela reflete a organização da imagem, porque qualquer "objeto, considerado como unidade, coleção ou conjunto possui uma certa estrutura, isto é, uma organização própria que corresponde à disposição dos elementos que o compõem". Os objetos que "formam uma estrutura foram inseridos e

---

[189] Sobre os aspectos densidade e orientação da textura, ver quadro em PANIZZA, A. C.; FONSECA F. P., 2011, p. 39.

organizados no espaço sob a influência de diversas forças e em diferentes momentos"[190]. Para identificar uma estrutura é necessário observar seu entorno imediato, isto é, sua inserção no contexto da imagem como um todo (figura 9). Assim, uma estrutura espacial toma formas que podem ser descritas como paralela, quadriculada, retangular, alveolar, reticulada, circular, elíptica, radial, espiral, estrelar, ondulada etc.[191]

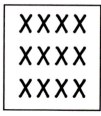 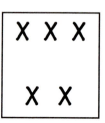 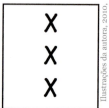

Figura 9. Exemplos teóricos de estruturas.
Fonte: PANIZZA, A. C.; FONSECA, F. P., 2011, p. 40. Disponível em: http://citrus.uspnet.usp.br/geousp/ojs-2.2.4/index.php/geousp/article/view/448/260. Acesso em: 10 jun. 2014.

Figura 10. Diferentes texturas e estruturas da paisagem.

---

[190] CAZABAT, C., 1969 *apud* PINCHEMEL, P.; PINCHEMEL, G., 1988, p. 357.
[191] Sobre as formas das estruturas, ver PANIZZA, A. C.; FONSECA, F. P., 2011, p. 38.

paisagem **115**

Nestas fotografias tiradas de um balão, observamos elementos da paisagem e sua diversidade de formas, tamanhos e cores. Em (a), o dossel vegetal de árvores de espécies e tamanhos diferentes cria uma textura rugosa e seu conjunto, uma estrutura paralela. Em (b), a estrutura geométrica das parcelas cultivadas apresenta texturas distintas: lisa e orientada para as parcelas já lavradas, rugosa e orientada para as parcelas cultivadas com milho. As cores demonstram estágios diferentes de maturação. Ainda no canto inferior esquerdo da foto, temos a textura lisa da pequena parcela de pasto e rugosa para as árvores. Por último, em (c), a textura lisa é vista na superfície asfáltica da estrada. As parcelas cultivadas com couve apresentam textura rugosa e orientada, enquanto a parcela de feno (no alto à direita) tem textura rugosa e sem orientação definida.

Reconhecer, identificar diferentes texturas e estruturas nas imagens verticais e, depois, interpretá-las demanda tempo para aprender. Como todo processo de ensino-aprendizagem, ele deve se basear, inicialmente, nos conhecimentos prévios e nas experiências dos próprios alunos. Nesse processo, o "sentimento de familiarização" entre a imagem vertical e as paisagens do cotidiano[192] vai favorecer o uso dessas imagens na sala de aula.

O foco introdutório deve estar na paisagem local, onde também podemos encontrar feições que são facilmente reconhecidas nas imagens, como rios, montes, florestas, praias, lagos, estradas, ruas, quarteirões, represas, parcelas cultivadas, campos etc. Vista de cima, uma forma também pode ser descrita por pares contrários: linear ou sinuosa; circular ou quadrada. Ela pode, ainda, ser descrita como forma geométrica: triangular, retangular, heptagonal, hexagonal, octogonal etc. Nas paisagens reais, em geral as formas são complexas, mas, para seu registro, elas podem ser simplificadas, como ocorre no princípio da generalização cartográfica (figura 11). Visto do alto, um rio pode ser transcrito graficamente como uma linha; uma árvore, como um ponto; e uma cidade ou uma parcela cultivada como uma área. Essa é uma das maneiras de o professor trabalhar com a linha, o ponto e a área do alfabeto cartográfico, bem como a noção de legenda.[193] A leitura da paisagem é também tema propício ao trabalho interdisciplinar (além de geografia, história, ciências, matemática, meio ambiente, arte). A seguir, apresentamos três propostas de atividades.

---

[192] CAZETTA, V., 2009, p. 82.
[193] SIMIELLI, M. E. R., 199, p. 98.

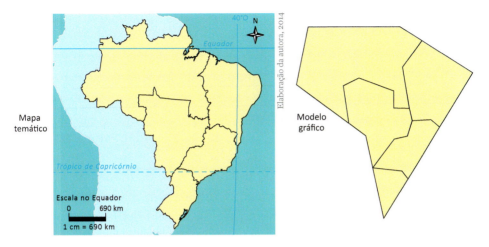

Figura 11. Generalização cartográfica: divisão regional do Brasil. A divisão regional do Brasil representada num mapa temático, como em geral se vê nos livros didáticos, e sua generalização extrema. Nesse tipo de representação gráfica, as convoluções que marcam os limites territoriais, habitualmente ligadas às feições naturais de rios e litorais, são suprimidas. O interesse da generalização proposta pelo modelo gráfico é extrair do mapa inicial sua "forma elementar" (à direita, acima), que se assemelha a uma forma geométrica e traduz, de maneira simples, a principal informação que o mapa traz: a divisão regional do Brasil. Ao desvendar essa forma elementar, construímos um modelo gráfico, segundo a coremática, metodologia desenvolvida por Brunet.[194]

4.3. O conjunto: propostas de atividades

Segundo a chave de leitura proposta no capítulo 2 (tópico 2.3, quadro 2), com a visão vertical podemos analisar a paisagem de maneira fisionômica, perceptiva e sistêmica. Lembramos que essa última abordagem será desenvolvida no capítulo 5. Como no capítulo precedente, o ponto de partida das ativida-

---

[194] Sobre a coremática, ver THÉRY, H., 2004, e PANIZZA, A. C., 2004.

des são a vivência dos alunos e a paisagem local. Com elas, o professor pode abordar os conteúdos relativos às relações espaciais, alfabetização cartográfica e localização, além dos conteúdos da geografia escolar como vegetação, relevo, hidrografia, os pontos de vista oblíquo e vertical.

As atividades propostas baseiam-se na observação indireta da paisagem, na memória visual dos alunos, e irão trabalhar as capacidades de identificação, descrição, comparação, classificação, localização e orientação. Das três atividades propostas (quadros 7 e 8), a primeira pode ser aplicada nos anos iniciais do Ensino Fundamental, e as demais nos anos finais; entretanto, cabe ao professor adaptá-las ao desenvolvimento cognitivo de seus alunos e ao perfil da classe.

A dicotomia rural-urbana é um tema importante da geografia. Como ressaltava Santos[195], o desenvolvimento do meio técnico-científico levou essa questão a um patamar mais complexo do que a simples oposição entre os dois espaços. Porém, antes de entender os mecanismos que deixaram mais complexa essa dicotomia, que envolvem desenvolvimento e especialização do mundo agrícola e o processo de urbanização, faz-se necessário colocar as bases para o reconhecimento dos elementos que caracterizam tais paisagens. Segundo o censo de 2010 do IBGE, a população brasileira é majoritariamente urbana: 84% dos habitantes do país moram nas cidades contra apenas 16% que vivem nas áreas rurais.[196] Salvo nas escolas rurais, a situação urbana da população brasileira leva a maioria dos alunos a não ter nenhuma experiência do mundo rural. É necessário, então,

---

[195] SANTOS, M., 2005, p. 73-76.
[196] Exemplos do uso pedagógico dos dados do censo demográfico 2010 podem ser encontrados na página do IBGE. Disponível em: http://7a12.ibge.gov.br/vamos-conhecer-o-brasil/nosso-povo/caracteristicas-da-populacao. Acesso em: 20 ago. 2014.

multiplicar exemplos, imagens de paisagens rurais e apresentar aos alunos a função e a importância desses espaços.

Claval afirma que a estruturação do espaço humano obedece a lógicas e, assim, "a paisagem humanizada toma formas variadas que refletem as escolhas e os meios de diferentes culturas". Nesse processo, os meios naturais são transformados: florestas dão lugar às lavouras, os solos férteis das planícies também são cultivados, os meios de transporte e comunicação e as redes de eletricidade se desenvolvem formando "uma malha de meios de comunicação, sem a qual não haveria vida social"; as construções urbanas se adensam e se alastram, como uma "mancha de óleo sobre os campos circundantes". Essas lógicas são complexas, pois encerram uma "multiplicidade de projetos e interesses" que são desvendados somente numa análise profunda e meticulosa.[197] Porém, uma observação atenta e intencional dessas estruturas espaciais ajuda a entender a dicotomia rural-urbana. O quadro 7 apresenta duas propostas de atividades sobre essa temática. A primeira lança mão de duas fotografias oblíquas representando, respectivamente, uma paisagem urbana e outra rural (figura 12). Na segunda atividade, o professor pode escolher, nas imagens verticais, recortes da paisagem rural e urbana do município (figura 13), pois, como ressaltado anteriormente, a vulgarização das imagens de satélite tem favorecido o contato das crianças com a visão do alto. Nesse ponto, não se pode negar o impacto positivo do Google Earth como "um recurso didático admirável"[198].

---

[197] CLAVAL, P., 2007, p. 287.
[198] FONSECA, F. P.; OLIVA, J., 2013, p. 134.

Caracas, Venezuela.

Quixadá, Ceará, Brasil.

Figura 12. Fotografias oblíquas. Paisagem urbana e paisagem rural.

paisagem **121**

Quadro 7. Urbano ou rural?

Objetivos	Identificar o que é uma paisagem urbana e uma paisagem rural, descrevê-las e diferenciá-las. Construir quebra-cabeças com imagens dessas paisagens.
Conteúdos	Noções espaciais, composição da paisagem, localização de objetos e comparação entre duas paisagens.
Categorias	Elementos da paisagem (forma, cor, tamanho).
Capacidades envolvidas	Observação indireta, identificação, descrição, comparação, linguagens oral e escrita.
Problematização	As duas paisagens são iguais ou diferentes? O que existe de igual e de diferente? Para que servem essas paisagens?
Desenvolvimento	Dois momentos: 1. Descrição do conjunto paisagístico; 2. Construção de quebra-cabeças. Procure em jornais, revistas e folhetos publicitários imagens oblíquas de paisagens urbanas e rurais. Inicie a atividade mostrando essas imagens aos alunos. Para estimular a memória visual, pergunte se eles conhecem paisagens semelhantes às das fotografias. Em seguida, peça a eles que descrevam no conjunto o que está retratado. Conduza a descrição para os aspectos demográficos (presença e concentração de moradias, por exemplo). Os aspectos econômicos e agrícolas também podem ser levantados, como a presença ou ausência de atividades econômicas (comércio na paisagem urbana, lavoura na paisagem rural). Os alunos devem nomear e escrever no caderno os principais aspectos identificados. Depois,

Quadro 7. Urbano ou rural?

Desenvolvimento	conduza a discussão para a função dessas paisagens e peça aos alunos que citem os elementos das paisagens que estão ligados a ela. Por fim, construa quebra-cabeças com as imagens das paisagens. Para tanto, cole uma fotografia em cartolina ou papel pardo e recorte as bordas de papel que sobram dos lados. Para formar as peças dos quebra-cabeças, use a cartolina; com uma régua, trace linhas horizontais, ou ondas, e linhas verticais. Numere todas as quadrículas e depois as recorte. Os próprios alunos, divididos em grupos, podem realizar essa tarefa. Ao montar os quebra-cabeças, os alunos devem descrever o que veem e discutir sobre as imagens. Os grupos podem trocar os quebra-cabeças e apresentar oralmente as paisagens montadas.
Mediação	Para componentes fisionômicos: O que vocês veem nas fotografias? No conjunto, são elementos naturais ou construídos pelos seres humanos? Qual elemento aparece na paisagem com mais frequência?
	Para os componentes funcionais: Para que serve uma casa? Para que serve uma plantação de milho? Para que serve a cidade? Para que serve o campo?

paisagem **123**

Figura 13. Imagem orbital. Pindamonhangaba, São Paulo, Brasil. Em (a), maior área observada, menor detalhamento, altura fixada em 5 quilômetros; em (b), menor área, maior detalhamento, altura fixada em 2 quilômetros. Google Earth. Acesso em: 21 ago. 2014.

Quadro 7. Urbano ou rural?

Objetivos	Diferenciar a paisagem urbana da paisagem rural, reconhecer as estruturas espaciais e classificar seus elementos usando alfabeto cartográfico e legenda.
Conteúdos	Noções espaciais, composição da paisagem, localização dos elementos, comparação entre duas paisagens, alfabetização cartográfica.
Categorias	Elementos da paisagem (forma, cor, tamanho) e função.
Capacidades envolvidas	Observação indireta, identificação, descrição, localização, classificação, comparação, linguagens oral, escrita e cartográfica.
Problematização	Quais são os elementos da paisagem urbana e da paisagem rural? Que aparência eles têm? Para que eles servem?
Desenvolvimento	Três momentos: 1. Caracterização da paisagem rural e urbana do município; 2. Elaboração da legenda; 3. Cartografar. Procure no Google Earth imagens do município onde se localiza a escola. Dê preferência a recortes em que se visualize o contato entre as áreas urbana e rural de sua região (se possível). Na bússola do programa (parte superior direita da tela), posicione o norte para cima e acerte o *zoom* de acordo com o nível de detalhamento desejado. Esse nível, porém, deve se adequar à resolução espacial da imagem orbital disponível; caso contrário, a imagem ficará desfocada. Salve o recorte selecionado e imprima a quantidade necessária para a classe ou para um trabalho em grupo. Os materiais necessários são: uma folha com a imagem orbital impressa, uma

Quadro 7. Urbano ou rural?

Desenvolvimento	folha de papel vegetal, lápis preto, borracha e lápis de cor. Forme os grupos, explique os objetivos da atividade e distribua as imagens. Proceda ao questionamento sobre os componentes paisagísticos e funcionais observados. Os alunos devem escrever as respostas no caderno. Certifique--se de que compreendem as categorias analíticas e a descrição em pares contrários. Se for necessário, explique-as novamente e faça um glossário na lousa. Com a caracterização das paisagens urbana e rural realizada, inicie a cartografia delas. Para tanto, explique o alfabeto cartográfico e estabeleça uma legenda com símbolos simples para casa, árvore, rio, rua, lavoura, campo etc. Mesmo simples, uma legenda deve responder aos critérios da semiologia gráfica (tópico 3.1). Para finalizar, os alunos devem cartografar as principais estruturas da paisagem, delimitando-as segundo a distribuição espacial: linear, pontual ou zonal.
Mediação	Para componentes fisionômicos: Quais são as duas principais cores que vemos nas imagens? O que elas representam? Quais são os elementos da natureza e quais são os elementos construídos pelos seres humanos? Quais elementos constituem a paisagem urbana (ruas, quarteirões, casas etc.)? Os elementos urbanos possuem qual forma, cor e textura (lisa ou rugosa)? Quais elementos constituem a paisagem rural (estradas, parcelas, lavouras, campos)? Os elementos rurais possuem qual forma, cor e textura (lisa ou rugosa)?
	Para os componentes funcionais: Para que servem os elementos urbanos? E os rurais? Como eles estão distribuídos no espaço (agrupado ou disperso, contínuo ou descontínuo)?

As imagens verticais também são recursos interessantes no desenvolvimento da orientação e da localização. A conhecida atividade sobre o trajeto casa-escola pode receber uma nova leitura com o uso das imagens orbitais e do computador (figura 14). Comparar o itinerário real, realizado diariamente pelo aluno, com aquilo que se vê numa imagem de satélite, ou num mapa, colocará em pauta o conteúdo concreto da atividade, o que é fortemente útil e motivador. Sobre esse assunto, Fonseca destaca o uso do computador como "um novo meio de trabalhar os conceitos importantes para a geografia", abrindo possibilidades para "novas estratégias cognitivas". A autora destaca também a interatividade como algo essencial, pois "proporcionará ao aluno o papel de protagonista no processo de construção do conhecimento"[199]. O quadro 8 traz uma proposta de atividade que coloca o olhar de cima sobre o trajeto casa-escola.

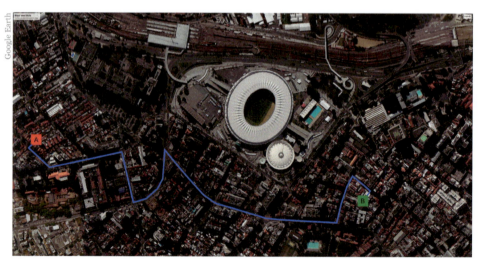

Figura 14. Imagem orbital. Rio de Janeiro, RJ, Brasil. Trajeto desenhado sobre a imagem orbital no programa Google Eearth. Em A (marcador vermelho), a casa, e em B (marcador verde), a escola. Altitude fixada em 3 quilômetros. Acesso em: 21 ago. 2014.

[199] FONSECA, R. A., 2010, p. 34-35 e p. 93.

Quadro 8. Trajeto casa-escola[200]

Objetivos	Identificar, na imagem orbital e no mapa, o trajeto casa-escola. Reconhecer e localizar pontos de referência pessoais.
Conteúdos	Noções espaciais, composição da paisagem, referencial espacial de localização, orientação, comparação entre a paisagem local e a imagem vertical.
Categorias	Elementos da paisagem (forma, cor, tamanho) e espaço vivido.
Capacidades envolvidas	Observação indireta, identificação, descrição, localização, orientação, classificação, comparação, linguagens oral, escrita e cartográfica.
Problematização	O que você vê no trajeto de casa até a escola? Quais são seus pontos de referência?
Desenvolvimento	Quatro momentos: 1. Levantamento de conhecimentos prévios; 2. Localização do bairro de residência; 3. Elaboração da legenda e do desenho; 4. Uso do computador para visualizar a imagem e o mapa. Separe um mapa do município que mostre os bairros e a escola. Este mapa pode estar em formato digital e ser projetado para a turma ou estar impresso e ser exposto em sala. No programa Google Earth, o professor deve selecionar a imagem do município. Se o município for muito grande, selecione um recorte espacial nos arredores da escola. Fixe o norte para cima e o *zoom* no nível de detalhamento suficiente para a boa visualização de ruas e quarteirões. Separe exatamente o mesmo recorte espacial no Goolgle Maps.

---

[200] Proposta de atividade baseada na experiência relatada em FONSECA, 2010, e em IBGE Vamos Contar. Disponível em: http://vamoscontar.ibge.gov.br/atividades/ensino-fundamental-1-ao-5/7-iniciacao-a-alfabetizacao-cartografica. Acesso em: 21 ago. 2014.

Quadro 8. Trajeto casa-escola

Desenvolvimento	As duas imagens (imagem orbital e mapa) devem estar na mesma escala. Salve-as e imprima-as em quantidade suficiente para o trabalho em dupla de alunos. Em classe, prepare os alunos relembrando as noções espaciais, sobretudo as topológicas e projetivas. Se houver necessidade, realize alguns exercícios na sala de aula sobre orientação espacial, lateralidade, vizinhança, proximidade, etc. Também relembre o alfabeto cartográfico. Exponha o mapa do município; na lousa, faça uma lista dos bairros da cidade. Cada aluno deve dizer onde mora. Analise essas informações com a classe: quem mora perto de quem, qual bairro tem mais alunos residentes, qual bairro tem menos etc. Depois, usando como critério a proximidade da moradia, separe os alunos em duplas. Com a participação das duplas, crie, na lousa, uma biblioteca de símbolos que serão usados na elaboração da legenda para o desenho do trajeto casa-escola. Em seguida, peça a cada aluno que faça seu desenho, destaque a localização dos pontos de referência pessoais do trajeto e confronte seu desenho com o do colega da dupla. As duplas devem nomear e caracterizar (natureza e função) os pontos de referência presentes nos dois desenhos. Então, para cada dupla, distribua a imagem e o mapa impressos na mesma escala. Os alunos devem reconhecer nessas imagens os pontos de referência de seus deslocamentos no trajeto casa-escola. Por último, prepare a sala de informática abrindo nos programas Google Earth e Google Maps as imagens previamente selecionadas. Instale uma dupla por computador e mostre como ir da imagem ao mapa e como se usa o *zoom* nesses programas.

Quadro 8. Trajeto casa-escola

Desenvolvimento	O mesmo reconhecimento feito nas imagens impressas no papel deve ser feito na tela do computador. Finalmente, pergunte aos alunos quais etapas do trabalho foram mais difíceis e retome-as oportunamente. Para aumentar a complexidade da atividade, faça novamente o exercício propondo a inversão no sentido do trajeto: escola-casa.
Mediação	Para componentes fisionômicos: Quais objetos você vê no trajeto casa-escola? Quais objetos existem mais (são mais frequentes)? Desses objetos, quais são seus pontos de referência para o seu trajeto? A paisagem que você vê é urbana ou rural? Por quê?
	Para componentes perceptivos: Os objetos que você mais vê no trajeto casa-escola servem para quê? São úteis para a natureza, para a sociedade ou para os dois?

Observando-se uma paisagem do alto ou de frente (capítulo 3), vemos facetas diferentes de uma mesma paisagem. Mas essas facetas revelam apenas um momento da paisagem atual: o presente. Um recuo no tempo ajudará a desvendar processos e transformações, revelando o passado contido nas paisagens, como veremos no próximo capítulo.

Para pesquisar na internet

Fotografias oblíquas e horizontais retratando panoramas em 360° de diversas paisagens brasileiras. Disponível em: http://ayrton.com/360/fs/pages/donamarta3.html. Acesso em: 24 out. 2014.

Fotografias oblíquas que mostram a desigualdade urbana e como isso se expressa morfologicamente (em português). Disponível em: http://arquitetura-sustentavel.org/6-vistas-aeras-que-mostram-como-nossas-cidades-sao-desiguais. Acesso em: 24 out. 2014.

Artigos científicos:
"Uma ascensão, uma obra: a baía do Rio de Janeiro vista do Corcovado por Pierre Deffontaines", de Antoine Huerta, revista *Confins*, n. 5, ano 2009 (em francês). Disponível em: http://confins.revues.org/5645. Acesso em: 24 out. 2014.

"Planejamento turístico em áreas protegidas", de Andrea de Castro Panizza, revista *Confins*, n. 2, ano 2008 (em português). Neste artigo, as fotografias panorâmicas mostram uma paisagem vista na perspectiva do visitante. A visão oblíqua permite o reconhecimento de vários objetos da infraestrutura das áreas protegidas, cuja função é o avistamento de animais selvagens e sua integração numa paisagem natural excepcional, considerada Patrimônio Mundial pela Unesco. Disponível em: http://confins.revues.org/1023. Acesso em: 24 out. 2014.

"São Paulo", de Hervé Théry, revista *Confins*, n. 1, ano 2007 (em francês). Um mar de prédios vistos do alto de um edifício no centro da cidade. A partir dessa foto, a visão oblíqua mostra toda a sua intensidade para a apreensão da paisagem urbana e fortemente heterogênea em formas, cores e tamanhos. Disponível em: http://confins.revues.org/77. Acesso em: 24 out. 2014.

Capítulo 5

Tempo e movimento

A paisagem não é feita só do presente; pelo contrário, ela é a acumulação de tempos e de memórias, como já destacaram inúmeros autores.[201] Segundo Ab'Saber, também é uma herança de formas, de objetos naturais e sociais que se acumulam nos tempos. Para esse autor, a palavra "herança" deve ser empregada em todo o seu significado, já que pela paisagem herdamos processos físicos e biológicos que são verdadeiros patrimônios.[202] Na sociedade moderna, a paisagem carregada de histórias e vestígios de tempos passados tornou-se um patrimônio, definido como "um conjunto de atributos, representações e práticas fixado sobre um objeto não contemporâneo, cuja importância foi decretada coletivamente". O objeto que se torna patrimônio pode ser uma paisagem, coisa, obra, ideia, discurso, monumento, prática ou um sítio. Perante a sociedade, esse objeto ganha uma importância intrínseca, porque é representativo de uma história; e também recebe importância extrínseca, pois tem valor de uma memória coletiva. Por isso, as sociedades decidem pela conservação e transmissão desses objetos.[203] Lowenthal afirma que a existência e a conservação de sítios simbólicos e históricos proporcionam um "sentimento de segurança e continuidade"[204].

A paisagem guarda vestígios, memórias e histórias de diferentes tempos. Como dizia Ab'Saber, na herança paisagística se encerram tempos geológicos e históricos. Na escala do tempo geológico, os processos mais antigos são responsáveis pela formação dos

---

[201] AB'SABER (2003); LOWENTHAL (2008); CLAVAL (1995); CORAJOUD (1995); BESSE (2006); SANTOS (1997a), entre outros.
[202] AB'SÁBER, 2003, p. 9.
[203] LAZZAROTTI, O. In: LÉVY, J.; LUSSAULT, M., 2003, p. 692-693.
[204] LOWENTHAL, D., 2008, p. 162.

principais compartimentos da topografia. Para criar essas configurações do relevo, as forças naturais levam de milhões a centenas de milhões de anos, sendo planaltos, depressões e montanhas exemplos desses processos. Os mais recentes, que atuam de centenas de milhares de anos até hoje, são agentes remodeladores da paisagem[205], como a erosão e a sedimentação, que, respectivamente, destroem e constroem formas de relevo. Essas formas representam objetos essencialmente naturais, mas elas não são somente isso. Schama diz que é o olho humano que diferencia a "matéria bruta", isto é, a natureza, da paisagem.[206] Para Cosgrove, um objeto natural torna-se objeto cultural ao receber um significado (tópico 1.3). Ao objeto natural se agrega um significado cultural[207] e, em alguns casos, isso também acontece com as formas de relevo. Por exemplo, a região da chapada do Araripe, localizada na divisa entre os estados do Ceará, Piauí, Pernambuco e Paraíba, guarda importantes vestígios do passado que não se restringem somente ao passado das paisagens atuais. As rochas e os fósseis lá encontrados revelaram uma história geológica que remonta, aproximadamente, a 150 milhões de anos, época em que as massas continentais que hoje chamamos de América do Sul, África, Antártica, Índia e Austrália faziam parte do mesmo supercontinente, o Gonduana. As paisagens do Araripe guardam vestígios da história geológica e da evolução do planeta Terra, por isso desde 2006 integram a Rede Internacional de Geoparques da Unesco.[208]

Originadas a partir da erosão diferencial das rochas, as cavernas e as grutas também são formas de relevo

---

[205] AB'SABER, 2003, p. 9-10.
[206] SCHAMA, S., 1999, p. 16.
[207] COSCOGRE, D., 1998, p. 103.
[208] O Geoparque Chapada do Araripe, localizado no estado do Ceará, foi o primeiro a receber esse título no continente americano. A classificação distingue locais que conservam importantes riquezas geológicas e paleontológicas.

e, portanto, objetos fundamentalmente naturais. Mas elas também receberam significados culturais, porque fazem parte das paisagens onde viveram os primeiros agrupamentos humanos há dezenas de milhares de anos. Para sobreviver, o homem pré-histórico adaptou-se ao ambiente, usando os recursos naturais do seu entorno: caçava, pescava, coletava vegetais e construía utensílios a partir de materiais líticos. Muito antes da escrita, para transmitir a memória coletiva do grupo usavam o desenho para representar eventos importantes e preservar o saber acumulado pela experiência. As chamadas pinturas rupestres inscritas nos paredões rochosos de cavernas e grutas contam como nossos antepassados viviam. Tais patrimônios ocorrem em várias regiões brasileiras, como na chapada do Araripe, no Ceará; na serra da Capivara, no Piauí[209]; em Lagoa Santa, em Minas Gerais, entre outros sítios.[210]

Na escala do tempo histórico, os vestígios ganham outra temporalidade e se datam em séculos. No espaço urbano, formas passadas e presentes coexistem no coração das cidades. Muitos exemplos dessas situações poderiam ser citados, porém dois parecem espetaculares em relação à cidade que se construiu ao redor: a acrópole de Atenas e os vestígios de Tenochtitlán, encontrados na Cidade do México. Em Atenas, o grandioso templo Partenon, no alto de um rochedo de 115 metros, domina a cidade desde o século IV a.C.; hoje, suas ruínas têm funções arqueológica, histórica e turística. Na Cidade do México, escavações arqueológicas evidenciaram a coexistência de patrimônios de diferentes tempos e civilizações: a cidade atual se integra aos monumentos de herança europeia, construídos durante a colonização (a partir do século XVI);

---

[209] Sobre esse tema, ver site da Fundação Museu do Homem Americano, Piauí. Disponível em: www.fumdham.org.br/parque.asp. Acesso em: 28 ago. 2014.

[210] Sobre as descobertas arqueológicas na região de Lagoa Santa, ver o artigo "A América de Luzia", *Revista Fapesp*. Disponível em: http://revistapesquisa. fapesp.br/2012/08/22/a-am%C3%A9rica-de-luzia/. Acesso em: 13 out. 2014.

esses, por sua vez, foram erguidos sobre os vestígios da cidade de Tenochtitlán, de cultura asteca (século XIV).[211] Nessa coabitação, formas e configurações espaciais evoluem para se adaptarem às novas funções.

Se o espaço é um produto social, como afirmava Santos, precisamos apreender sua relação com a sociedade para compreender os processos de transformação que ocorrem ao longo do tempo. A estrutura espaçotemporal é alterada em decorrência dos "processos produtivos impostos ao espaço pela sociedade". Esses processos conduzem transformações ligadas ao uso de novas técnicas, funções e, às vezes, formas. Algumas configurações espaciais podem estar mais bem preparadas que outras para receber inovações, já que existem "geografias desiguais no mundo". Três situações podem ocorrer: as inovações se integram imediatamente ao sistema existente; as inovações passam por distorções para se integrarem ao sistema; ou, por último, a oposição entre as inovações e as formas existentes é muito grande para que a integração seja efetiva, e novo e velho passam a coabitar o mesmo espaço.[212] Encontramos essas três situações em muitas cidades brasileiras.

O movimento e a dinâmica das coisas, como as transformações da natureza ou a integração urbana de formas novas e velhas, se manifestam no tempo e, inevitavelmente, no espaço. Trata-se de uma transformação espaçotemporal ou, como dizia Santos, de um processo definido como "uma ação contínua, desenvolvendo-se em direção a um resultado qualquer, implicando conceitos de tempo e mudança"[213]. Os processos de formação e transformação dos espaços ao longo do tempo são importantes elementos analíticos, tanto

---

[211] Para detalhes sobre os vestígios de Tenochtitlán e sobre a arqueologia urbana, ver o vídeo da palestra do arqueólogo e historiador Dr. Leonardo López Luján, em espanhol. Disponível em: http://newmedia.ufm.edu/gsm/index.php?title=Lopezexcavacionestenochtitlan. Acesso em: 2 set. 2014.

[212] SANTOS, M., 1997a, p. 49-50.

[213] SANTOS, M., 1997a, p. 50.

para a geografia como para as paisagens.[214] Por esses motivos, neste capítulo final vamos integrar tempo e movimento na leitura da paisagem por meio dos olhares subjetivo (tópico 5.1) e objetivo (tópico 5.2).

5.1 Resgatando a memória

A paisagem fornece uma experiência exterior, uma experiência do sujeito face ao mundo, como disse Besse[215] (tópico 3.1). Ao citar pintores modernos, Schama segue a mesma linha afirmando que a paisagem é algo exterior ao sujeito, apesar de ser "uma representação mental da nossa experiência"[216]. Mas, no presente, nossa experiência do real é um amontoado de sensações, visões, sons, esperas, tensões físicas, reações imediatas e não desenvolvidas, como afirma Lowenthal. O presente é efêmero e com ele não temos o recuo necessário para entender o "ambiente passado". Só com o passar do tempo, a memória vai simplificar as sensações e compor as percepções.[217] Nossas experiências anteriores e seus significados são construídos por elementos materiais e imateriais que enchem nossa percepção. Mesmo as paisagens aparentemente banais estão carregadas de significados e experiências sociais. Assim, as chamadas paisagens vernaculares carregam a atuação das sociedades que se sucederam, onde formas e representações do passado e do presente se misturam e revelam a relação do grupo social com o lugar.[218]

A paisagem acumula as camadas do passado e isso nos conforta. Lowenthal diz, por exemplo, que viver numa cidade sem passado gera efeitos traumatizantes similares àqueles que uma pessoa teria se vivesse sem

---

[214] BRUNET, R. *et al.*, 1993, p. 402.
[215] BESSE, J. M., 2010, p. 270.
[216] SCHAMA, S., 1999, p. 18.
[217] LOWENTHAL, D., 2008, p. 160.
[218] COSTA, O., edição comemorativa, p. 151.

passado, pois é ele que proporciona os sentimentos de continuidade e acumulação. Sentimento de continuidade porque, ao contrário do presente efêmero, o passado encarna as coisas que construímos, a paisagem que criamos, e isso nos dá segurança. O sentimento de acumulação, por sua vez, está na passagem do tempo, quando os objetos se acumulam e onde cada geração aporta sua contribuição, o que funciona como uma "ressonância afetiva". Sem o passado, completa o autor, teríamos grandes dificuldades no entendimento e na percepção das coisas, pois estaríamos presos na efemeridade do presente. Também estaria dificultada a construção da nossa identidade, já que, "para saber o que somos, procuramos nos traços do passado"[219].

As paisagens vernaculares não dependem de valor estético ou excepcionalidade, pois são as próprias práticas sociais e as atividades diárias que geram um vínculo social com o lugar e a paisagem. Um grupo pode dar valor patrimonial a uma determinada paisagem, porque nela viveu e ainda vive uma singularidade cotidiana. A paisagem vernacular apresenta real interesse para a comunidade escolar porque evidencia a importância da paisagem vivida e do vínculo social, favorecendo também o resgate de uma história comum, a valorização da memória, além de possibilitar o trabalho transversal em diferentes áreas do saber (geografia, história, arte, português etc.). Para Lowenthal, a geografia é uma "ciência que se aproxima sem mediações dos elementos da vida cotidiana" e permite a "inclusão dos mundos vividos pessoais como dado concreto"[220]. É assim que algumas coisas banais passam a ser valorizadas no resgate da memória do lugar e da paisagem vernacular como, por exemplo, uma fotografia antiga da rua da escola, de uma vista panorâmica, um antigo cartão-postal da cidade (figura 15) etc.

---

[219] LOWENTHAL, D., 2008, p. 172-175, 160-162.
[220] HOLZER, W., 1999, p. 155.

As imagens são, portanto, dados concretos e a história das paisagens também pode ser descrita pelo viés das "imagens que cada civilização faz de sua existência"[221]. No ambiente escolar, além dos cartões-postais e das fotografias antigas, a memória de ex-alunos, de funcionários e de professores, além das ocorrências do passado, são dados concretos que a comunidade local pode fornecer. Essa seria uma maneira de restaurar as paisagens vernaculares e, ao mesmo tempo, aproximar a comunidade da escola, já que sua participação é imprescindível nesse resgate.

A leitura da paisagem que privilegia uma visão subjetiva, colocando em pauta a memória e a percepção, está transcrita nas atividades apresentadas no final deste capítulo. Mas, complementar a ela, a leitura objetiva mostra, sob outros ângulos, os movimentos e as transformações da paisagem no tempo.

Figura 15. Cartão-postal de Fortaleza, Ceará, no início do século XX. Praça do Ferreira com a Coluna da Hora. Fortaleza, Ceará, 1935.

---

[221] KARPINSKI, C., 2011, p. 36.

5.2. Tempo 1 e tempo 2

Nada é estático e a passagem do tempo imprime transformações em tudo. Como dizia Sorre, "a estabilidade é uma situação excepcional e provisória"[222]. O dinamismo, ao contrário, está em toda parte. A dinâmica da natureza ou da sociedade transforma estruturas e configurações espaciais, e essas mudanças são visíveis nas paisagens. A diacronia é a análise de um conjunto de fatos observados em um intervalo de tempo. Em geografia, modelo diacrônico é designado como "o resultado de uma acumulação de fenômenos no tempo", como, por exemplo, o crescimento concêntrico de aglomerações urbanas.[223]

Mas, como podemos detectar as transformações que ocorrem no tempo? Uma das maneiras é observar imagens que focalizam o mesmo ponto de vista em datas diferentes. Os estudos diacrônicos, ou multitemporais, desenvolveram-se com o advento das fotografias aéreas e, mais tarde, das imagens orbitais. Além dessas imagens, também é possível utilizar outros documentos, como mapas, fotografias e cartões-postais antigos, dados estatísticos, assim como livros, jornais e revistas.[224]

A procura por materiais históricos pode ser realizada na biblioteca da escola, dos municípios e demais instituições de ensino, mas também nos bancos de dados disponíveis gratuitamente na internet.[225] Além dos dados históricos, para trabalhar a diacronia nas paisagens, o professor e seus alunos podem produzir, no decorrer do ano, seu

---

[222] SORRE, M. apud LIBAULT, A., 1975, p. 343.
[223] BRUNET, R. et al., 1993, p. 157-158.
[224] FLORENZANO, T. G., 2002, p. 93.
[225] Alguns exemplos: Domínio Público, Arquivo Nacional, Fundação Biblioteca Nacional, Biblioteca Brasiliana José e Guita Mindlin/USP, o sistema de dados agregados (SIDRA) do IBGE etc.

próprio material didático a partir de fotografias de paisagens locais, e nelas observar as alterações, segundo as estações do ano. Nas regiões tropicais e temperadas, ao longo do ano, os raios solares atingem a superfície terrestre com inclinações diferentes. Isso define as estações do ano, alterando o período de luz solar no dia, o que leva a fauna e a flora a se adaptarem às mudanças. Todos esses fatos podem ser observados na paisagem, descritos e registrados pelos alunos. Por exemplo, no inverno, algumas árvores perdem as folhas; na primavera, as flores desabrocham e as aves se reproduzem. Nas regiões equatoriais, a inclinação do Sol é imperceptível, mas a estação chuvosa é bem marcada. Com isso, é possível registrar a dinâmica hídrica e a expansão do leito dos rios durante a cheia e, o contrário, durante a vazante. A observação da paisagem durante as estações do ano permite identificar os objetos naturais que se transformam e usá-los como indicadores da passagem do tempo. Essa é uma temática ampla e que se adapta facilmente ao trabalho interdisciplinar, entre geografia, meio ambiente e ciências, por exemplo.

As figuras a seguir trazem exemplos de análises diacrônicas. A primeira, a partir de uma fotografia oblíqua, e a segunda, pela visão vertical das imagens orbitais. A figura 16 apresenta a paisagem vista da minha janela em dois momentos. É um exemplo extremo, pois a paisagem está recoberta pela neve no inverno (a) e ensolarada no verão (b). Porém, mesmo sem vivenciar situações contrastantes como essa, o professor pode selecionar na paisagem local elementos, ou um conjunto de elementos, que servem como indicadores por simbolizar as marcas visíveis da passagem do tempo. Um jardim com árvores, um rio e suas margens, e até mesmo uma construção, são exemplos que mostram processos evolutivos ou de transformação das paisagens que servem às análises diacrônicas. A figura 17 também é exemplar. Nela, a visão vertical das imagens de satélite mostra o processo de ocupação da região de Ariquemes, em Rondônia. Essas imagens, provenientes do programa Google Earth, mostram exatamente a mesma região em 1975 e em 2013. Na primeira imagem, a cidade ainda não existia; porém, uma importante rodovia federal já cortava a região, o que deu início a profundas alterações da paisagem. A chamada BR-364, que liga o interior do estado de São Paulo a Porto Velho, capital de Rondônia, foi o eixo estruturante da ocupação nessa porção da Amazônia. Em (a), além da BR-364, vê-se também a rodovia de ligação BR-421, responsável pela comunicação entre as cidades da região. Nesse momento, as atividades antrópicas às margens das rodovias são raras e a floresta tropical predomina na paisagem. Em 2013 (b), a situação é radicalmente oposta. As atividades antrópicas de extração da floresta às margens das rodovias são intensas e engendram um processo significativo de transformação da paisagem: as áreas de floresta foram drasticamente reduzidas, enquanto as pastagens e a cidade se expandiram.

Nas propostas de atividades que encerram este livro, vamos trabalhar o resgate da memória e a análise diacrônica.

(a) Inverno

(b) Verão

Figura 16. Estações do ano. A paisagem vista da minha janela em duas estações do ano, inverno (a) e verão (b). A camada de neve que recobre a paisagem é o principal indicador do inverno. Outro importante indicador é a vegetação: ausência de folhas nas árvores, no inverno, e presença delas, no verão. O estágio vegetativo em diferentes estações altera a percepção de volumes, formas e cores nas paisagens.

(a) Tempo 1: ano de 1975

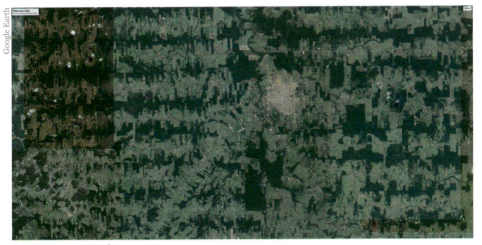
(b) Tempo 2: ano de 2013

Figura 17. Dois momentos. Em (a), na imagem de satélite de 1975, a paisagem é homogênea e poucas feições se distinguem: a floresta tropical domina (em tons escuros); as feições quase retilíneas representam as duas rodovias (a BR-364, à direita, e a BR-421, à esquerda); no entroncamento, os primórdios da cidade de Ariquemes, em Rondônia. As áreas em tons claros representam as parcelas onde a floresta foi derrubada, o que as transformou em superfícies minerais, como as áreas de solo exposto. Em quase quatro décadas, a ação humana transformou radicalmente a paisagem. Em (b), na imagem orbital de 2013, a paisagem apresenta inúmeras formas e cores, que representam feições distintas e permitem uma interpretação. Nas laterais da imagem, a estrutura linear de orientação paralela indica atividades antrópicas adjacentes às novas estradas que recortam a paisagem. De modo geral, a chave de leitura é similar à da imagem precedente: a floresta está representada em tons escuros; as áreas onde a floresta foi derrubada, em tons claros, assim como as superfícies minerais, que são, comumente, o solo exposto ou urbanizado, como se vê na expansão da cidade de Ariquemes (mancha arredondada de textura rugosa, no centro da imagem).

5.3. Passado, presente e futuro: propostas de atividades

Segundo a chave de leitura da paisagem, quadro 2 (tópico 2.3), nessa etapa vamos trabalhar a temporalidade usando as categorias de análise: práticas sociais, espaços vividos e processos. Meinig dizia que a "paisagem é um depósito imensamente rico em dados sobre as pessoas e a sociedade". São camadas de história que encerram formas do passado e do presente e estão, com frequência, "complexamente entrelaçadas". No entanto, essas camadas podem ser visualizadas ou percebidas na paisagem, às vezes de maneira perfeitamente visível, como, por exemplo, as formas contemporâneas dos bairros habitacionais que surgem nas periferias da cidade.[226] Cabe ao professor, entretanto, detectar na paisagem local, que também é material, vivida e vernacular, as camadas de história que podem ser resgatadas e trabalhadas em sala de aula.

Para balizar as escolhas do professor, sugerimos duas entradas: a análise perceptiva e a sistêmica. Na primeira, a contribuição da comunidade local pode ajudar no resgate de imagens e memórias das paisagens vernaculares. Nesse resgate podemos detec-

---

[226] MEINIG, D. W., 2002, p. 43.

tar, no emaranhado da paisagem, objetos passados e ocorrências locais que devem ser valorizados. Eles irão contribuir na compreensão do papel da história na construção do contexto atual e das formas do presente. Porém, vamos propor também um passo adiante, em uma tentativa de vislumbrar outros cenários. Se entendemos que a paisagem é um espelho da sociedade, parece legítima a seguinte pergunta: que paisagem seria ideal para o futuro?

A análise sistêmica é o outro tipo de abordagem proposta para a leitura da passagem do tempo na paisagem. Nela, optamos pela observação dos processos, sendo com isso possível trabalhar diversos temas: regime hídrico dos rios (períodos de cheia e vazante), estágios vegetativos segundo as estações do ano (árvores caducas, isto é, que perdem suas folhas no inverno; época do desabrochar das flores ou da fruta típica de sua região etc.), alterações na paisagem feitas pelos homens (transformações no espaço urbano; novas construções etc.).

A diacronia está embutida nessas análises e, com ela, as demais relações temporais. A aprendizagem da organização temporal, isto é, das noções de cronologia, sucessão e duração, é complexa e demanda um trabalho pedagógico gradual. Por isso, as atividades propostas apresentam diferentes níveis de complexidade e abstração. Mesmo assim, as sugestões devem ser adaptadas pelo professor ao desenvolvimento cognitivo de seus alunos.

De modo geral, nas atividades conseguimos explorar diversas habilidades, sobretudo a identificação, descrição e comparação de paisagens e as relações espaciais e temporais. Os conteúdos tratam, entre outros, da localização e da situação de elementos paisagísticos, da configuração da paisagem e suas transformações espaçotemporais. Todos podem ser abordados de maneira interdisciplinar.

Três atividades são propostas. Uma versa sobre o resgate da memória e da paisagem vernacular e possibilita o envolvimento de alunos de diferentes anos, das respectivas famílias e da comunidade local (quadro 9). Outra, trata a diacronia da paisagem (quadro 10). Por fim, sugerimos uma atividade dedicada à construção da paisagem do futuro, real ou imaginária (quadro 11).

Quadro 9. Memória

Objetivos	Resgatar a paisagem do passado usando como recorte espacial a rua, o bairro da escola ou, ainda, o município. Preparar uma exposição.
Conteúdos	Composição da paisagem, relações espaciais e temporais (cronologia e sucessão).
Categorias	Elementos da paisagem (forma, tamanho), espaço vivido, práticas sociais.
Capacidades envolvidas	Observação direta e indireta, identificação, comparação, linguagens oral e escrita.
Problematização	Como era a paisagem alguns anos atrás?
Desenvolvimento	Três momentos: 1. Coletar o material; 2. Organizar e analisar; 3. Montar a exposição. Previamente, defina com qual paisagem pretende trabalhar. Sua escolha deve se basear em critérios como: presença de elementos de fácil reconhecimento para os alunos, espaço de vivência e proximidade. A rua ou o bairro da escola, por exemplo, são recortes espaciais viáveis porque respondem aos critérios citados. A coleta de dados sobre a paisagem do passado deve reunir imagens e informações (textos breves) passíveis de serem datadas. A data (pode ser somente o ano) é um dado necessário nessa atividade. Nessa coleta, além de procurar imagens em livros, jornais e

Quadro 9. Memória

Desenvolvimento	revistas, você também pode envolver a comunidade escolar e os pais dos alunos, solicitando que procurem em seus acervos pessoais fotografias e cartões-postais antigos da paisagem em foco. Na sondagem inicial, apresente aos alunos a paisagem estudada em fotografias atuais, insistindo no reconhecimento de elementos e na localização da paisagem, que serão a base para a próxima etapa. A tarefa seguinte consiste numa entrevista que os alunos devem fazer em casa. Explique que devem entrevistar pessoas mais velhas (pais, irmãos ou primos mais velhos, avós, tios, vizinhos etc.) que conheceram a referida paisagem no passado. Coloque na lousa cinco ou seis questões que compõem a entrevista. Elabore questões simples e diretas para que o entrevistado possa, em poucas palavras, descrever suas impressões da paisagem no passado. Uma alternativa é usar para a entrevista questões de múltipla escolha. É necessário que cada entrevistado precise uma data (somente o ano). Depois de coletar todo o material (fotografias, entrevistas e outros dados), os alunos devem organizá-lo cronologicamente e apontar as principais alterações visíveis na paisagem, como a presença ou não de asfalto ou árvores na rua da escola; construções recentes; alterações no trânsito e na vegetação etc. Para finalizar, os alunos devem montar uma exposição que apresente uma evolução comparando as paisagens de ontem e de hoje e destacar as diferenças e as semelhanças.

Quadro 9. Memória

Mediação (relacionada a entrevista)	Para o componente cronológico: Você conhece a escola e seu bairro? Desde quando? Em que ano você conheceu essa paisagem? Quantos anos você tinha?
	Para componentes fisionômicos: No passado, como era o revestimento da rua da escola (asfalto, pedra, terra)? Como era o entorno da escola (havia barracos, casas, prédios, praças, terrenos baldios, construções)? A rua da escola era arborizada (sim, não)? O que chamava sua atenção na rua (ou no bairro) da escola?
	Para componentes perceptivos: No passado, você achava a rua da escola bonita, feia ou comum? Por quê? A rua da escola era silenciosa ou barulhenta? Como conheceu a escola? Nos seus deslocamentos pelo bairro, você passava em frente à escola? Por quê? O que a escola representava para você?

Segundo Karpinski, "a busca pela história das paisagens é uma busca por uma história das imagens que cada civilização faz de sua existência"[227]. Sendo assim, podemos considerar fotografias e cartões-postais antigos como janelas para o passado. A comparação entre fotografias antigas e atuais permite detectar os processos de transformação da paisagem e identificar os elementos que permanecem iguais e os que se alteraram no tempo. O mesmo pode ser feito com cartões-postais, pois desde o final do século XIX eles carregam uma fotografia que é, com frequência, uma imagem panorâmica da paisagem. O cartão-postal nasceu na Europa em 1870, com a finalidade de ser um meio de correspondência rápido e barato. No início era um

---

[227] KARPINSKI, C., 2011, p. 36.

simples cartão, mas, com os avanços tecnológicos ligados à fotografia e às técnicas de reprodução, ganhou uma fotografia em um dos lados. Como se sabe, entretanto, não é qualquer paisagem que vira cartão-postal, pois para o comprador do postal "é fundamental que a fotografia reproduzida focalize um local de forte apelo simbólico para a sociedade da época". Alguns estudos têm apontado os postais como documentos históricos que representam, de certa maneira, a cultura da sociedade que produziu, consumiu e deu significado às imagens neles representadas.[228]

A proposta a seguir se baseia na análise diacrônica. Ela pode ser estruturada a partir de qualquer tipo de imagem, desde que seja possível reconhecer na paisagem elementos que sirvam como referenciais na comparação entre a paisagem de ontem e a de hoje, por exemplo uma ponte, um monumento, um morro, uma lagoa, um rio etc.

(a) Ano: 1923. Teatro Municipal e Praça Ramos de Azevedo, São Paulo.

---
[228] FREHSE, F., 2000, p. 136 e 129-130.

(b) Ano: 2008. Teatro Municipal e Praça Ramos de Azevedo, São Paulo.

Figura 18. Passado e presente. Fotografias oblíquas. Dois momentos que retratam o Teatro Municipal e a Praça Ramos de Azevedo, em São Paulo. O teatro é o elemento referencial; a vegetação e os prédios altos ao redor são indicadores da passagem do tempo. As palmeiras imperiais estão pequenas em (a) e grandes em (b); os prédios altos atrás do teatro não existiam em (a) e estão presentes em (b).

Quadro 10. Passado e presente

Objetivos	Comparar a paisagem de ontem e hoje; criar cartões-postais.
Conteúdos	Transformação no espaço e no tempo, relações espaciais e temporais (cronologia e sucessão).
Categorias	Elementos da paisagem (forma, tamanho) e processos de transformação.
Capacidades envolvidas	Observação indireta, identificação, descrição, comparação, linguagem oral e escrita.

Quadro 10. Passado e presente

Problematização	Como a paisagem era ontem? Como ela é hoje?
Desenvolvimento	Três momentos: 1. Descrever as paisagens; 2. Identificar e nomear os elementos referenciais; 3. Criar cartões-postais. Selecione previamente imagens que apresentem paisagens conhecidas dos alunos. É preciso que haja objetos fáceis de ser reconhecidos para serem usados como referenciais de localização e indicadores da passagem do tempo, como se observa nas fotografias (a) e (b) da figura 18. São necessárias duas imagens da mesma paisagem, se possível do mesmo ponto de vista, em datas diferentes. Apresente-as aos alunos e comece a sondagem perguntando se reconhecem a paisagem. Certifique-se de que os alunos conseguem identificar os objetos indicadores existentes nas duas fotografias. Peça a descrição detalhada desses objetos, enfatizando as semelhanças e as diferenças. Organize as respostas na lousa construindo um quadro com duas colunas, uma para os objetos semelhantes, outra para os diferentes. Se for viável, questione os alunos sobre as razões das diferenças e a sucessão dos eventos no tempo. Para finalizar, proponha aos alunos a construção de um cartão-postal. Explique sua finalidade e coloque à disposição da turma o material necessário: cartolina branca, tesoura, cola, régua, lápis e o banco de imagens que foi criado anteriormente. Caso a escola ou a classe não tenha um banco de imagens, ele pode ser facilmente criado selecionando imagens em revistas, jornais etc. Os alunos devem cortar a cartolina

Quadro 10. Passado e presente

Desenvolvimento	em cartões de 15 centímetros de largura por 10 centímetros de altura. Em seguida, selecionarão a imagem (ou várias) criando um mosaico de muitas paisagens ou de diversos elementos da paisagem. As imagens devem ser coladas em um lado do cartão, deixando o verso para o texto. Por fim, os alunos devem escolher um destinatário e redigir uma pequena mensagem que descreva a paisagem.
Mediação	Para o componente cronológico: Qual das duas fotografias retrata a paisagem de hoje? Por quê? O que ocorreu entre uma fotografia e outra? Incite os alunos a esboçarem explicações sobre a sucessão no tempo.
	Para componentes fisionômicos: Quais são os elementos da paisagem semelhantes nas duas fotografias? Como vocês perceberam as semelhanças? Quais são os elementos da paisagem diferentes nas duas fotografias? Como perceberam as diferenças?

É no presente que construímos o futuro. Pensando assim, retomamos o papel de ator social ativo na construção do espaço geográfico e da sociedade em que vivemos. Para finalizar a sequência, vamos propor uma atividade que exercite, de forma lúdica, a ação ativa dos alunos na construção da paisagem ideal, uma paisagem para o futuro, que contenha os objetos de predileção e na qual eles gostariam de viver e brincar. Esse é um exercício de reflexão e, sobretudo, de criatividade, no qual o resultado final pode tomar as mais diferentes formas e representar coisas reais e imaginárias.

paisagem **153**

Quadro 11. A paisagem ideal

Objetivo	Discutir diferentes formas de uso e apropriação dos espaços.
Conteúdos	Composição, localização e distribuição dos elementos da paisagem; transformações espaçotemporais.
Categorias	Elementos da paisagem (forma, cor, tamanho), estrutura, espaço vivido.
Capacidades envolvidas	Observação direta e indireta, identificação, descrição, comparação, linguagem oral, escrita, gráfica e cartográfica.
Problematização	Imagine uma paisagem para você viver e brincar.
Desenvolvimento	Três momentos: 1. Descrever a paisagem; 2. Construir um esboço; 3. Criar a paisagem. Esta atividade pode ser desenvolvida de forma transversal, entre geografia e arte. Inicie explicando que se trata de uma atividade de criação. Os alunos serão responsáveis pela construção de uma paisagem ideal para eles viverem e brincarem à vontade. Para isso, precisam pensar quais elementos a paisagem deve conter e como esses elementos serão distribuídos. Depois, apresente as etapas da atividade e, se for necessário, divida a classe em pequenos grupos. Faça uma sondagem inicial para saber quais seriam os principais objetos que as paisagens ideais vão conter e liste-os na lousa, para que sejam corretamente nomeados e descritos. Com a descrição inicial, os alunos devem pensar na distribuição espacial desses objetos na paisagem. Para facilitar a visualização, sugira que façam um esboço no caderno.

Quadro 11. A paisagem ideal

Desenvolvimento	Se for preciso, peça que apresentem brevemente o esboço; isso pode ajudá-los na organização das ideias. De acordo com as descrições, coloque à disposição um número diversificado de materiais. Eles podem usar desenho, pintura, colagem, maquete, redação de textos, brinquedos, material reciclado ou todos esses elementos juntos. A aparência final das paisagens pode tomar as mais diversas formas, já que essa atividade é dedicada à criação e à invenção. Dar um nome às paisagens ideais pode ser uma etapa interessante nesse processo de criação. Com as paisagens construídas, os alunos devem apresentá-las aos colegas, explicando a razão da escolha dos objetos, do nome e da paisagem em si. Para finalizar, pergunte se essas paisagens poderiam existir no futuro.
Mediação	Para componentes fisionômicos: Para você, como seria uma paisagem ideal? Quais objetos ela teria? Por quê? Quais objetos da paisagem atual não existiriam na sua paisagem ideal? Por quê? Quais objetos da paisagem de hoje não poderiam faltar na sua paisagem ideal? Por quê?
	Para componentes perceptivos: Por que você escolheu estes objetos? Por que construiu esta paisagem? Você gosta dela? Por quê?

Ao longo destes capítulos, tentei apresentar as facetas das paisagens observadas por diferentes olhares. De maneira simples e concreta procurei incentivar, em professores e alunos, a observação e a curiosidade pelas paisagens. Descortinei, progressivamente, um interesse por elas, seja ela qual for, tanto a banal, cotidiana, que está ao nosso redor, como aquela excepcional, vista do mirante, do alto de um prédio ou a quilômetros da superfície. Toda paisagem tem seu interesse, porque ela é o palco de um dos encontros mais extraordinários que ocorrem na superfície da Terra: o encontro entre a riqueza e a adaptabilidade infinita da natureza com a criatividade e a engenhosidade incessantes da humanidade. Por isso, toda paisagem tem muitas histórias para contar, mas é preciso aprender a ver e a ler as paisagens.

Como dizia Lowenthal, "há muito tempo, as paisagens encarnam os temores e as esperanças da humanidade"[229]. Com essas palavras finalizo e guardo o desejo de que este livro tenha trazido novos olhares sobre as paisagens e, sobretudo, muitas esperanças.

---

[229] LOWENTHAL, D., 2008, p. 203.

Para pesquisar na internet

Paisagem e história geológica da Terra: Vídeo e textos sobre o Geoparque do Araripe (em português). Disponível em: http://geoparkararipe.org.br/. Acesso em: 28 out. 2014.

Paisagem e arqueologia urbana: Vídeo da palestra do arqueólogo e historiador Dr. Leonardo López Luján sobre as escavações de Tenochtitlán, na Cidade do México (em espanhol). Disponível em: http://newmedia.ufm.edu/gsm/index.php?title=Lopezexcavacionestenochtitlan. Acesso em: 28 out. 2014.

Museu da Acrópole de Atenas e visita virtual (em inglês). Disponível em: www.theacropolismuseum.gr/en. Acesso em: 28 out. 2014. E em: www.google.com/culturalinstitute/asset-viewer/acropolis-museum/IwFUpQvIJ1QDVA?projectId=art-project. Acesso em: 28 out. 2014.

Fotografias: Portal da cidade do Rio de Janeiro – Projeto Armazenzinho (em português). Fotografias e desenhos mostram a transformação da paisagem no Rio de Janeiro. Disponível em: http://portalgeo.rio.rj.gov.br/armazenzinho/web/observandoEspaco.asp?area=3. Acesso em: 28 out. 2014.

Vídeo: Portal da cidade do Rio de Janeiro – Projeto Armazenzinho (em português). Animação mostra o processo da ocupação em vários locais da cidade (Arcos da Lapa, Praça XV, Porto do Rio e Copacabana) em épocas diferentes (de 1608 a 1999). Disponível em: http://portalgeo.rio.rj.gov.br/armazenzinho/web/Aplicativos_Novos/evolucao_urbana/principal.html. Acesso em: 28 out. 2014.

NASA. Comparação da extensão da calota de gelo no Ártico em 1980 e 2012 (em inglês). Disponível em: www.nasa.gov/topics/earth/features/thick-melt.html. Acesso em: 28 out. 2014.

NASA. Retração e expansão do gelo marinho no Ártico entre março de 2012 e fevereiro 2013. Disponível em: www.youtube.com/watch?v=IKJhvT2KROg&feature=youtube_gdata. Acesso em: 28 out. 2014.

Referências bibliográficas

AB'SABER, Azziz. *Os domínios da natureza no Brasil*: potencialidades paisagísticas. Cotia: Ateliê Editorial, 2003.

AUGOYARD, Jean-François. La vue est-elle souveraine dans l'esthétique paysagère? In: ROGER, A. (dir.) *La théorie du paysage en France (1974-1994)*. Seyssel: Éditions Champ Vallon, 1995, p. 334-345.

AVOCAT, Charles. Approche du paysage. *Revue de géographie de Lyon*, Lyon, v. 57, n. 4, 1982, p. 333-342. Disponível em: www.persee.fr/web/revues/home/prescript/article/geoca_0035-113X_1982_num_57_4_6169. Acesso em: 13 out. 2014.

BARIOU, Robert. *Manuel de télédéction*. Paris: Sodipe, 1978.

BERQUE, Augustin (dir.). *Cinq propositions pour une théorie du paysage*. Seyssel: Champ Vallon, 1994.

_____. De paysage em outre-pays. In: ROGER, A. (dir.) *La théorie du paysage en France (1974-1994)*. Seyssel: Éditions Champ Vallon, 1995, p. 346-359.

_____. *Le principe de Zong Bing – paysage et dépassement de la modernité*, 2001. Disponível em: www.oeuvresouvertes.net/autres_espaces/berque1.html. Acesso em: 13 out. 2014.

_____. Paisagem-marca, paisagem-matriz: elementos da problemática para uma geografia cultural. In: CÔRREA, R. L.; ROSENDAHL, Z. *Paisagem, tempo e cultura*. Rio de Janeiro: EdUERJ, 1998, p. 84-91.

BERTIN, Jacques. *Sémiologie graphique, les diagrammes, les reseaux, les cartes*. 4ª ed. Paris: Éditions de l'EHESS, 2005.

_____. Ver ou ler, um olhar sobre a cartografia. *Seleção de textos* (AGB), São Paulo, n. 18, 1988, p. 45-53.

BERTRAND, Georges. Les géographes français et leurs paysages. *Annales de Géographie*, Paris, t. 93, n. 516, 1984, p. 218-229. Disponível em: www.persee.fr/web/revues/home/prescript/article/geo_0003-4010_1984_num_93_516_20250. Acesso em: 13 out. 2014.

_____. Paisagem e geografia física global. Esboço metodológico. *Revista Ra'e ga*, Curitiba, n. 8, p. 141-152, 2004. Disponível em: http://ojs.c3sl.ufpr.br/ojs/index.php/raega/article/view/3389/2718. Acesso em: 13 out. 2014.

BESSE, Jean-Marc. Entre la géographie et l'éthique: le paysage et la question du bien-être, Seminário de pós-graduação, Departamento de Geografia, FFLCH, USP, fevereiro 2014, inédito.

_____. La géographie de la Renaissance et la représentation de l'universalité. Documento sem referência, Hyper Articles em Lignes, CNRS. Disponível em: http://hal.archives-ouvertes.fr/docs/00/11/32/78/PDF/La_geographie_de_la_Renaissance_et_la_representation_de_l_universalite.pdf. Acesso em: 13 out. 2014.

_____. Le paysage, espace sensible, espace public. *META:* Research in Hermeneutics, Phenomenology, and Practical Philosophy, v. II, n. 2, 2010, p. 259-286. Disponível em: www.metajournal.org/articles_pdf/259-286-jm-besse-meta4-tehno.pdf. Acesso em: 13 out. 2014.

_____. *Ver a terra, seis ensaios sobre a paisagem e a geografia.* São Paulo: Perspectiva, 2006.

BOCHICCHIO, Vincenzo R. *Atlas Atual:* geografia, manual do professor. São Paulo: Atual, 1989.

BRASIL, Ministério da Educação. *Diretrizes curriculares nacionais gerais da Educação Básica.* Brasília: MEC, SEB, DICEI, 2003.

_____, Secretaria de Educação Fundamental. *Parâmetros curriculares nacionais:* história e geografia. Brasília: MEC/SEF, 1997.

BRUNET, Roger. Analyse des paysages et sémiologie. Élements pour un débat. In: ROGER, A. (dir.) *La théorie du paysage en France (1974-1994).* Seyssel: Éditions Champ Vallon, 1995, p. 7-20.

_____. *Champs & contrechamps, raisons de géographie.* Paris: Belin, 1997.

_____; FERRAS, Robert; THÉRY, Hervé. *Les mots de la géographie*. 3ª ed. Paris: Reclus – La Documentation Française, 1993.

CALLAI, Helena C. Aprendendo a ler o mundo: a geografia nos anos iniciais do Ensino Fundamental. *Cadernos Cedes*, Campinas, v. 25, n. 66, 2005, p. 227-247. Disponível em: www.scielo.br/pdf/ccedes/v25n66/a06v2566.pdf. Acesso em: 13 out. 2014.

CASTELLAR, Sonia Maria Vanzella. Educação geográfica: a psicogenética e o conhecimento escolar. *Cadernos Cedes*, Campinas, v. 25, n. 66, 2005, p. 209-225. Disponível em: www.scielo.br/pdf/ccedes/v25n66/a05v2566.pdf. Acesso em: 13 out. 2014.

CASTILLO, Ricardo. *Sistemas orbitais e o uso do território, integração eletrônica e conhecimento digital do território brasileiro.* Tese (doutorado em geografia), Faculdade de Filosofia, Letras e Ciências Humanas, Universidade de São Paulo, São Paulo, 1999, p. 317.

CASTRO, Iná E. O problema da escala. In: CASTRO, I. E.; GOMES, C. C.; CORRÊA, R. L. *Geografia*: conceitos e temas. Rio de Janeiro: Bertrand Brasil, 1995, p. 117-140.

CAZETTA, Valéria. Educação visual do espaço e o Google Earth. In: ALMEIDA, R. D. (org.). *Novos rumos da cartografia escolar*: currículo, linguagem e tecnologia. São Paulo: Contexto, 2011, p. 177-186.

_____. Práticas educativas com fotografias aéreas verticais em uma pesquisa colaborativa. *Biblio 3W Revista Bibliográfica de Geografía y Ciencias Sociales*, Universidad de Barcelona, vol. XII, n. 713, 2007. Disponível em: www.ub.es/geocrit/b3w-713.htm. Acesso em: 13 out. 2014.

CHRISTOFOLETTI, Antônio. *Análise de sistemas em geografia, uma introdução*. São Paulo: Hucitec, 1979.

CLAVAL, Paul. *A geografia cultural*. 3ª ed. Florianópolis: Ed. da UFSC, 2007.

_____. Épistemologie de la géographie. Paris: Nathan, 2001.

_____. *Histoire de la géographie*. 2ª ed. Paris: PUF, 1995.

CORAJOUD, Michel. Le paysage c'est l'endroit où le ciel et la terre se touchent. In: ROGER, A. (dir.) *La théorie du paysage en France (1974-1994)*. Seyssel: Éditions Champ Vallon, 1995, p. 142-152.

CORRÊA, Roberto Lobato; ROSENDAHL, Zeny. *Paisagem, tempo e cultura*. Rio de Janeiro: EdUERJ, 1998.

COSGROVE, Denis. A geografia está em toda parte: cultura e simbolismo nas paisagens humanas. In: CÔRREA, R. L.; ROSENDAHL, Z. *Paisagem, tempo e cultura*. Rio de Janeiro: EdUERJ, 1998, p. 92-123.

COSTA, Otávio. Memória e paisagem: em busca do símbolo dos lugares. *Espaço e Cultura*, Rio de Janeiro, edição comemorativa 1993-2008, p. 149-151. Disponível em: www.e-publicacoes. uerj.br/index.php/espacoecultura/article/ view/6143/4415. Acesso em: 13 out. 2014.

CUECO, Henri. Approches du concept de paysage. In: ROGER, A. (dir.) *La théorie du paysage en France (1974-1994)*. Seyssel: Éditions Champ Vallon, 1995, p. 168-181.

D'ANGIO, Richard. Au secours le paysage revient! *L'information géographique*, vol. 61, n. 3, 1997. pp. 122-128. Disponível em: www.persee.fr/ web/revues/home/prescript/article/ingeo_ 0020-0093_1997_num_61_3_5814. Acesso em: 13 out. 2014.

DARDEL, Eric. *L'homme et la terre, nature de la realité géographique*. Paris: Éditions du CTHS, 1990.

DENG, Jin S.; WANG, Ke; HONG, Yang; QI, Jia G. Spatio-temporal dynamics and evolution of land use change and landscape pattern in reponse to rapid urbanization. *Landscape and Urban Planning*, n. 92, 2009, p. 187-198.

DI MÉO, Guy. Perception. In: LÉVY, J.; LUSSAULT, M. (dir.) *Dictionnaire de la géographie et de l'espace des sociétés*. Paris: Belin, 2003.

DOLFUSS, Olivier. *A análise geográfica*. São Paulo: Difusão Europeia do Livro, 1973.

DONADIEU, Pierre; PÉRIGORD, Michel. *Le paysage, entre natures et cultures*. Paris: Armand Colin, 2007.

FLORENZANO, Teresa Gallotti. *Imagens de satélite para estudos ambientais*. São Paulo: Oficina de textos, 2002.

FONSECA, Fernanda P.; OLIVA, Jaime. *Cartografia*. Coleção Como Eu Ensino. São Paulo: Editora Melhoramentos, 2013.

FONSECA, Raquel Alves. *Uso do Google Mapas como recurso didático para o mapeamento do espaço local por crianças do Ensino Fundamental I da cidade de Ouro Fino, MG*. Tese (doutorado em geografia), Instituto de Geociências e Ciências Exatas, Universidade Estadual Paulista, São Paulo, 2010, 180 p. Disponível em: www.athena.biblioteca.unesp.br/exlibris/bd/brc/33004137004P0/2010/fonseca_ra_dr_rcla.pdf. Acesso em: 13 out. 2014.

FOURNIER, Jérôme. A natureza da geografia e a geografia da natureza. *Boletim Paulista de Geografia*, São Paulo, n. 78, 2001, p. 97-120.

FOURNIER, Jérôme; PANIZZA, Andrea C.; LUCHIARI, A. Reflexões metodológicas sobre a utilização dos índices geométricos e topológicos na análise espacial de classificações de imagens Landsat. *Geografia*, Rio Claro, v. 30, n. 1, 2005, p. 77-94.

FREHSE, Fraya. Cartões-postais paulistanos da virada do século XX: problematizando a São Paulo "moderna". In: *Horizontes antropológicos*, Porto Alegre, ano 6, n. 13, 2000, p. 127-153. Disponível

em: www.scielo.br/pdf/ha/v6n13/v6n13a07.pdf.
Acesso em: 13 out. 2014.

GIRARDI, Gisele. As aventuras da leitura de mapas. In: SEEMANN, J. (org.). *A aventura cartográfica, perspectivas, pesquisas e reflexões sobre a cartografia humana*. Fortaleza: Expressão Gráfica e Editora, 2005, p. 61-72.

GRATALOUP, Christian. Des échelles. *Espaces Temps*, n. 10-11, 1979, p. 72-79.

HOLZER, Werther; HOLZER, Selma. Cartografia para crianças: qual é o seu lugar? In: SEEMANN, J. (org.). *A aventura cartográfica, perspectivas, pesquisas e reflexões sobre a cartografia humana*. Fortaleza: Expressão Gráfica e Editora, 2005, p. 201-217.

_____. Paisagem, imaginário, identidade: alternativas para o estudo geográfico. In: ROSENDAHL, Z.; CÔRREA, R. L. (org.). *Manifestações da cultura no espaço*. Rio de Janeiro: EdUERJ, 1999, p. 149-168.

HUERTA, Antoine. Une ascension, une œuvre: la baie de Rio de Janeiro vue du Corcovado par Pierre Deffontaines. *Confins* [*on-line*], n. 5, 2009. Disponível em: http://confins.revues.org/5645. Acesso em: 13 out. 2014.

IAVELBERG Rosa; CASTELLAR, Sonia Maria Vanzella. O desenho na arte e na geografia: diferenças e aproximações. *Boletim Paulista de Geografia*, São Paulo, n. 87, 2007, p. 149-166.

KARPINSKI, Cezar. Paisagem e história: notas de leitura. *Espaço Plural*, Cascavel, ano XII, n. 25, 2011, p. 26-36.

LACOSTE, Yves. Para que serve a paisagem? O que é uma bela paisagem? *Boletim Paulista de Geografia*, n. 79, São Paulo, 2003, p. 115-150.

LAZZAROTTI, Olivier. Patrimoine. In: LÉVY, J.; LUSSAULT, M. (dir.) *Dictionnaire de la géographie et de l'espace des sociétés*. Paris: Belin, 2003, p. 692-693.

LÉVY, Jacques. Chorotype. In: LÉVY, J.; LUSSAULT, M. (dir.) *Dictionnaire de la géographie et de l'espace des sociétés*. Paris: Belin, 2003.

LIBAULT, André. *Geocartografia*. São Paulo: Companhia Editora Nacional, 1975.

LOWENTHAL, David. *Passage du temps sur le paysage*. Gollion: Infolio, 2008.

LUCHIARI, Ailton; KAWAKUBO, Fernando S.; MORATO, Rúbia G. Aplicações do sensoriamento remoto na geografia. In: VENTURI, L. A. B. (org.). *Praticando geografia*: técnicas de campo e laboratório em geografia. São Paulo: Oficina de Textos, 2005, p. 33-54.

MACHADO, Lucy M. P. Percepção da paisagem: conceituação, observação, descrição, vivência. In: *Caderno de formação*: formação de professores didática dos conteúdos. Universidade Virtual do Estado de São Paulo, v. 9. São Paulo: Cultura Acadêmica, 2012, p. 41-50.

MARTINELLI, Marcello. *Curso de cartografia temática*. São Paulo: Contexto, 1991.

MEINIG, Donald W. O olho que observa: dez versões da mesma cena. *Espaço e Cultura*, Rio de Janeiro, n. 13, 2002, p. 35-46. Disponível em: www.e-publicacoes.uerj.br/index.php/espacoecultura/article/view/7424/5380. Acesso em: 13 out. 2014.

METZGER, Jean Paul. O que é ecologia da paisagem? *Biota Neotrópica*, São Paulo, v. 1, n. 1 e 2, 2001, p. 1-9. Disponível em: www.scielo.br/pdf/bn/v1n1-2/a06v1n1-2.pdf. Acesso em: 13 out. 2014.

MIRANDA, E. E. (coord.). *Brasil em relevo*. Campinas: Embrapa, Monitoramento por Satélite, 2005. Disponível em: www.relevobr.cnpm.embrapa.br. Acesso em: 26 jun. 2014.

MONTEIRO, Carlos Augusto de Figueiredo. *Geossistema, a história de uma procura*. São Paulo: Contexto, 2000.

MORAES, Antonio Carlos Robert. *Geografia, pequena história crítica*. 7ª ed. São Paulo: Hucitec, 1987.

NAME, Leo. O conceito de paisagem na geografia e sua relação com o conceito de cultura. *GeoTextos*, Salvador, v. 6, n. 2, 2010, p. 163-186.

NOVO, Evlyn M. L. Moraes. *Sensoriamento remoto, princípios e aplicações*. 2ª ed. São Paulo: Editora Edgar Blücher, 1995.

OLIVEIRA, Lívia. Percepção ambiental. In: SANTOS, D. G.; NUCCI, J. C. *Paisagens geográficas*. Campo Mourão: Editora Fecilca 2009. p. 152-162.

PAGANELLI, Tomoko Iyda; ANTUNES, Aracy do Rego; SOICHET, Rachel. A noção de espaço e de tempo – o mapa e o gráfico. *Orientação*, Instituto de Geografia/USP, São Paulo, n. 6, 1985, p. 21-38.

PANIZZA, Andrea de Castro; FONSECA, Fernanda Padovesi. Técnicas de interpretação visual de imagens. *Geousp*, São Paulo, n. 30, 2011, p. 30-43. Disponível em: http://citrus.uspnet.usp.br/geousp/ojs-2.2.4/index.php/geousp/article/view/448/260. Acesso em: 13 out. 2014.

_____; FOURNIER, Jérôme. O litoral do Rio Grande do Norte: dinâmica e modelo espacial. *Confins [on-line]*, n. 3, 2008. Disponível em: http://confins.revues.org/3473. Acesso em: 13 out. 2014.

_____; FOURNIER, Jérôme; CORGNE, Samuel. Paisagem e transformação espaçotemporal: uma proposta metodológica para a utilização de índices de medidas espaciais no estudo da mancha urbana (Extremiz, Natal e Parnamirim, RN, Brasil). *XIII SBSR – Simpósio Brasileiro de Sensoriamento Remoto*: anais, 2007, Florianópolis. São José dos Campos: INPE, 2007, p. 5451-5458. Disponível em: http://urlib.net/dpi.inpe.br/sbsr@80/2006/11.08.00.14. Acesso em: 4 jun. 2014.

_____. Imagens orbitais, cartas e coremas: uma proposta metodológica para o estudo da organização e dinâmica espacial: aplicação ao município de Ubatuba, Litoral Norte, Estado de São Paulo, Brasil. Tese (doutorado em geografia), Faculdade de Filosofia, Letras e Ciências Humanas, Universidade de São Paulo, São Paulo, 2004. Disponível em: www.teses.usp.br/teses/disponiveis/8/8135/tde-30092005-180603/. Acesso em: 13 out. 2014.

_____ (org.). *Paisagens francesas*: terroirs, cidades e litorais. Campo Mourão: Ed. Fecilcam, 2010. Disponível em: www.fecilcam.br/editora. Acesso em: 13 out. 2014.

_____. Planejamento turístico em áreas protegidas. *Confins* [*on-line*], n. 2, 2008. Disponível em: http://confins.revues.org/1023. Acesso em: 13 out. 2014.

PAQUOT, Thierry. *Conversations sur la ville et l'urbain.* Gollion: Infolio éditions, 2008, p. 101-109.

PEREIRA, Diamantino. Paisagens, lugares e espaços: a geografia no Ensino Básico. *Boletim Paulista de Geografia*, n. 79, São Paulo, 2003, p. 9-21.

PINCHEMEL, Philippe; PINCHEMEL, Geneviève. *La face de la terre, éléments de géographie.* Paris: Armand Colin, 1988.

PUMAIN, Denise; SAINT-JULIEN, Thérèse. *L'analyse spatiale, localisations dans l'espace.* Paris: Armand Colin, 1997.

QUEIROZ FILHO, Alfredo P. A escala nos trabalhos de campo e de laboratório. In: VENTURI, L. A. B. (org.). *Praticando geografia*: técnicas de campo e laboratório em geografia. São Paulo: Oficina de Textos, 2005, p. 55-66.

RISSO, Lucienne Cristina. Paisagens e cultura: uma reflexão teórica a partir do estudo de uma comunidade indígena amazônica. *Espaço e Cultura*, UERJ, Rio de Janeiro, n. 23, 2008, p. 67-76. Disponível em: www.e-publicacoes.uerj.br/index.php/

espacoecultura/article/viewFile/3523/2450. Acesso em: 13 out. 2014.

ROGER, Alain (dir.) *La théorie du paysage en France (1974-1994)*. Seyssel: Éditions Champ Vallon, 1995.

_____. La naissance du paysage em Occident. In: SALGUEIRO, H. A. (coord.). *Paisagem e arte*: a invenção da natureza, a evolução do olhar. São Paulo: Comitê Brasileiro de História da Arte, 2000, p. 33-39.

ROUGERIE, Gabriel; BEROUTCHACHVILI, Nicolas. *Géosystèmes et paysages, bilan et méthodes*. Paris: Armand Colin, 1991.

SALGUEIRO, Teresa Barata. Paisagem e geografia. *Finisterra*, Lisboa, n. XXXVI, v. 72, 2001, p. 37-53. Disponível em: www.ceg.ul.pt/finisterra/numeros/2001-72/72_04.pdf. Acesso em: 13 out. 2014.

SANTOS, Milton. *A natureza do espaço*: técnica e tempo, razão e emoção. 3ª ed. São Paulo: Hucitec, 1999.

_____. *A urbanização brasileira*. 5ª ed. São Paulo: Edusp, 2005.

_____. *Espaço & método*. 4ª ed. São Paulo: Nobel, 1997 (a).

_____. *Metamorfoses do espaço habitado*. 5ª ed. São Paulo: Hucitec, 1997 (b).

_____. *Por uma geografia nova*. 3ª ed. São Paulo: Hucitec, 1986.

SANTOS, Vânia Maria Nunes dos. *O uso escolar de dados de sensoriamento remoto como recurso didático pedagógico*. Apostila, INPE, s. d. Disponível em: www.inpe.br/unidades/cep/atividadescep/educasere/apostila.htm#vania. Acesso em: 13 out. 2014.

SÃO PAULO, Secretaria Municipal de Educação. *Orientações curriculares e proposição de expectativas de aprendizagem para o Ensino Fundamental*: ciclo II, geografia. São Paulo: SME/DOT, 2007. Disponível em: www.culturatura.com.br/docsed/14%20Aprend%20PSP2-4geo.pdf. Acesso em: 13 out. 2014.

SAUER, Carl O. A morfologia da paisagem. In: CÔRREA, R. L.; ROSENDAHL, Z. *Paisagem, tempo e cultura*. Rio de Janeiro: EdUERJ, 1998, p. 12-73.

SCHAMA, Simon. *Le paysage et la mémoire*. Paris: Seuil, 1999.

SCHIER, Raul A. Trajetórias do conceito de paisagem na geografia. *Revista Ra'e ga*, Curitiba, n. 7, 2003, p. 79-85. Disponível em: http://ojs.c3sl.ufpr.br/ojs/index.php/raega/article/view/3353/2689. Acesso em: 13 out. 2014.

SIMIELLI, Maria Elena R. Cartografia no Ensino Fundamental e Médio. In: CARLOS, A. F. A. (org.). *A Geografia na sala de aula*. São Paulo: Contexto, 1999, p. 92-108.

STEFFEN, Carlos Alberto. *Introdução ao sensoriamento remoto*. Apostila, INPE, s. d. Disponível em: www.inpe.br/unidades/cep/atividadescep/educasere/apostila.htm#top. Acesso em: 13 out. 2014.

THÉRY, Hervé. Chaves para a leitura do território paulista. *Confins [on-line]*, n. 1, 2007. Disponível em: http://confins.revues.org/25. Acesso em: 13 out. 2014.

_____. Modelização gráfica para a análise regional: um método. *Geousp*, São Paulo, n. 15, 2004, p. 179-188. Disponível em: www.geografia.fflch.usp.br/publicacoes/Geousp/Geousp15/Intercambio1.pdf. Acesso em: 13 out. 2014.

TISSIER, Jean-Louis. Paysage. In: LÉVY, J.; LUSSAULT, M. (dir.) *Dictionnaire de la géographie et de l'espace des sociétés*. Paris: Belin, 2003, p. 697-701.

TOURNEUX, François-Pierre. De l'espace vu au tableau, ou les définitions du mot paysage dans les dicionnaires de la langue française du XVIIe au XIXe siècle. In: ROGER, A. (dir.) *La théorie du paysage en France (1974-1994)*. Seyssel: Éditions Champ Vallon, 1995, p. 194-209.

TROLL, Carl. A paisagem geográfica e sua investigação. *Espaço e cultura*, Rio de Janeiro, n. 2, 1997, p. 1-7. Disponível em: www.e-publicacoes.uerj.br/index.php/espacoecultura/article/view/6770/4823. Acesso em: 13 out. 2014.

VERDIER, Nicolas. Cartes et paysages: tenter la médiation au XVIIIe siècle. La question des paysages em plan et en perspective. *Les carnets du paysage*, n. 20, 2010, p. 12-29. Disponível em: http://halshs.archives-ouvertes.fr/docs/00/54/59/61/PDF/Verdier_carnets_du_paysage.pdf. Acesso em: 13 out. 2014.

VERDUM, Roberto; PUNTEL, Geovane A. Espaço geográfico e paisagem. In: BUITONI, M. M. S. (org.). *Geografia*: Ensino Fundamental. Brasília: MEC, 2010, p. 75-88.

YEH, Chia-Tsung; HUANG, Shu-Li. Investigating spatiotemporal patterns of landscape diversity in reponse to urbanization. *Landscape and Urban Planning*, n. 93, 2009, p. 151-162.

A autora

Andrea de Castro Panizza estudou geografia na Universidade de São Paulo, onde também realizou o doutorado. Na França, fez mestrado na Universidade de Rennes e pós-doutorado no Centre National de la Recherche Scientifique. Recebeu o prêmio da Associação Nacional de Pesquisa em Geografia para o melhor doutorado do biênio 2004/2005. Trabalhou como pesquisadora do CNPq na Universidade Federal do Ceará e desenvolveu projetos de pesquisa no Brasil e na França. Publicou, como organizadora, a obra coletiva *Paisagens francesas*: terroirs, cidades e litorais (Ed. da Fecilcam, Campo Mourão, 2010). Autora de artigos acadêmicos e pedagógicos, atua no ensino de geografia, cartografia e sensoriamento remoto.